KB272978

나는 여우 같은 남자가 좋다

나는 여우 같은 남자가 좋다: 멋진 남자와 유쾌하게 연애하는 법

초판 1쇄 발행 | 2005년 12월 5일

지은이 | 김성은
펴낸이 | 김선식
펴낸곳 | 팝콘북스
출판 등록 | 2004년 2월 19일 제313-2004-000011호

아이템 기획 | 백승대
PM | 허은경
기획 편집 본부 | 서재왕, 신혜진, 윤정숙, 신현대
마케팅 본부 | 유민우, 임채성, 전은옥, 허성권, 김미현
경영 지원 | 조경일, 김효정

외부 스텝
교정 | 김형종
디자인 | GRIDS

주소 | 서울시 마포구 염리동 161-7 한청빌딩 6층
전화 | 02-703-1723(편집) 02-704-1724(마케팅)
팩스 | 02-703-2219
이메일 | dasanbooks@hanmail.net
홈페이지 | www.dasanbooks.com
표지 · 본문 출력 | 엔터
종이 | 정한페이퍼
인쇄 · 제본 | 주식회사 현문

값 9,800원
ISBN 89-91147-42-9 (03040)

팝콘북스

나 는 여 우 같 은 남 자 가 좋 다

여우남자

김성은 지음

팝콘북스

LET'S GO!
Prologue
MOTEL!

여우 남자, 그들에 관한 黑心 있는 고찰

요즘 남자는 늑대라기보다는 오히려 여우에 더 가깝다. 꾀 많고 재빠르며 부드럽고 감성적이기까지! 그들은 후천적 혹은 선천적으로 보유하게 된 여우 기질을 결코 부끄러워하거나 마다하지 않으며 이를 수면 위로 끌어올려 거리낌 없이 쇼윈도에 진열한다. 그리고 이렇게 연마한 감각을 사랑과 연애뿐만 아니라 일, 인간 관계, 여가, 재테크, 성공 등 인생 전반에 고루 활용한다.

그런 면에서 여우 남자는 자신의 재능을 오로지 '작업 무기'로만 우려먹는 보통 선수들과는 다르다. 그들은 연애에서 '비상 버튼'이 아닌 '평소 감각'을 동원하기 때문에 언뜻 유별나고 제멋대로 구는 것처럼 보이기도 한다. 한데 이런 산만함이야말로 그들이 '여자 꼬시기'라는 단편적 의도가 아니라 내면화된 일련의 여우 기질에 의거해 행동하고 있음을 증명한다.

외적인 특징 또한 매우 들쭉날쭉한데, 개중에는 메트로 섹슈얼처럼 세련된 외모를 뽐내는 스타일이 있는가 하면 너무 평범하거나 심지어 촌스럽기까지 하지만 '소프트웨어' 면에서 월등한 여우 기질을 발휘하는 타입도 있다. 즉 한눈에 여우 남자를 알아보기는 어렵다는 뜻이다. 그들이 이마에 반짝이 문신을 하고 다니는 건 아니니 좀더 인내심을 갖고 지켜보기 바란다.

물론 그들에게도 특유의 소심함, 두려움, 고집, 수치심 등은 있다. 한데 이런 공공연한 비밀을 '약한 남자의 징표'라며 쉬쉬 하던 시대는 지났나 보다. 솔직함이 지나쳐서 이젠 대놓고 "그래, 나 이런 놈이야" 하고 들이대는가 하면 갈고 닦은 애교와 내숭으로 위기를 모면하는 부류도 있다. 또 스스로에 대한 기대치가 높은 나머지 종종 나르시시즘에 빠지는 이들도 있다.

이처럼 여우 남자의 독특한 기질은 경우에 따라 당신에게 적신호가 될 수도, 청신호가 될 수도 있다. 그 두 가지의 얼굴은 당신과 소통하면서 끊임 없이 영감을 얻으려고 할 것이다. 따라서 처음부터 그들에게 무리하게 맞출 필요도, 반대로 피할 필요도 없다. 스스로 중심을 잃지 않으면서 그 행동의 뿌리를 따라 올라가면 된다. 그러나 당신이 만일 '여자 같은 남자는 딱 질색이야'라는 선입견으로 똘똘 뭉쳐 있다면 최고의 보석일지도 모를 그를 영영 못 만날 수도 있다.

이 책의 조언들은 다정하면서도 상당히 거침 없다. 따라서 심약자나 시도 때도 없이 울컥하는 다혈질들은 가급적 피해 주기 바란다. 코웃음 기교에 능한 고집쟁이들도 가능한한 내 조언을 멀리 하기를 권한다. 이 책은 변덕스럽고 유별난 혹은 그래 보이는 여우 남자들의 행태로 심하게 고생하는 여성을 위한 '알싸한 독주' 이 자 '시원한 펀치' 같은 것이다. 한번 들이켜기에는 좀 독할 수도 있지만 후유증 같은 건 없다.

2005년 11월

위쯔 **김성은**

CONTENTS

대결

이해

호흡

대결
CONFRONT

Type 1 까탈공주형

Type 2 핑계충만형

Type 3 주도면밀형

Type 4 노심초사형

까탈공주형

언뜻 여성스러운 면이 많아 보이는 그는 깔끔하고 까탈스럽고 자존심도 강하다. 자기애가 특별하고 감수성이 예민하며 때론 공주처럼 새침하게 굴기도 한다. 하지만 취향이 워낙 확고해서 다루기 까다로울 수 있다. 단, 버릇만 잘 들이면 귀엽고 창조적일 수 있는 유형!

연애의 재구성 | 누가 누가 더 부끄러울까?

"1년 정도 연애를 안 했더니 몸이 굳었나 봐. 자신감도 사라지고 키스하는 법도 다 까먹었어."

그녀는 한숨을 내쉬었다. 평일 저녁의 카페 안은 꽤 한산했다. 그녀는 약 3시간 전쯤 옛 애인의 결혼 소식을 듣고 우울해진 참이다. 오, 그의 명랑한 목소리라니! 그건 그녀의 조용한 일상을 뒤흔들기에 충분했다. 이에 그녀는 언제나 든든하고 만만한 단짝 '두유' 군을 호출했다. 한데 그쪽도 뭔가가 맺혀 있기는 마찬가지인 듯. 내뿜는 기운이 심상치 않았다.

"나야말로! 알다시피 공백기가 꽤 길었잖아. 하지만 내가 그 정도로 형편 없어졌는지 미처 몰랐어."

"무슨 일이야?"

"최근에 만났다는 그녀 알지. 얼마 전에 둘이 한적한 곳에 차를 세워 놓고 분위기 좀 잡았거든. 둘 다 점점 흥분해서 진한 스킨십으로 넘어갈 즈음, 갑자기 김이 팍 새는 거야."

"아니, 왜?"

"뭐긴 뭐야, 내 뱃살 때문이지. 자존심 구기는 일은 죽어도 하기 싫더라구. 결국 정신 차려야만 했어."

"켁, 어떻게 참았어?"

"폼이 안 나니까 제 풀에 사그라 들대? 사귄지 오래된 것도 아닌데, 나중에 괜히 소문만 웃기게 나 봐. 그녀는 같은 업계 동료야. 이 바닥이 은근히 좁다구."

"아하!"

"죽겠다. 어디 묘책 없어? 배 나온 남자들을 위한 '투명 거들' 같은 거 없나?"

"흥, 곧 죽어도 폼은 내고 죽으시겠다? 남자들이란."

"그만 놀려."

"실은 네 기분, 너무 잘 알

것 같아. 여자들이야말로 섹스를 앞두곤 갖가지 생각으로 숨이 막힐 지경이거든. 잘 할 수 있을까, 나중에 어색해지면 어떡하지, 오늘 따라 가슴이 처진 것 같은데, 다리 면도도 안 하고 나왔잖아…. 이렇게 초조해하며 오만 가지 리스트를 작성하고 마침내 완벽한 그 순간을 준비하는데 투자하는 에너지와 시간, 비용들을 상상해 보라구! 차라리, 뭘 몰라서 대담했던 그 옛날이 그리워. 세월이 주는 뻔뻔함도 자존심을 당해 낼 재간은 없으니.”

“어엇, 너도 그 느낌 아는구나. 남자들이라고 심장이 없니, 머리가 없니? 고개 숙인 남자도 자존심 하나는 꼿꼿하다구. 한데 요즘 분위기를 봐. 텔레비전이나 영화를 보면 온통 근육질의 모델들뿐이잖아. 달콤한 아기 같은 얼굴에 야수의 몸이라니, 우웅! 그런 남자들 보면서 여자애들 꺄악 거리는 것 좀 보라구. 그 옆에 있다가는 죽을 맛이야. 자기 관리 못하는 남자들은 이제 사람 취급도 안 하지. 배에 물렁살 휴대하고 다니면서 뻔뻔하게 자기 암시로만 버틸 수 없는 시대야.”

“하하, 그것 말고 문제는 더 있어. 모텔이 지저분하다든지, 인테리어가 거슬린다든지, 몰래 카메라가 설치되어 있을 것 같은 느낌이 들면 난 당장 나오자고 하거든. 머리카락, 구겨진 이불깃, 쾌쾌한 냄새, 이런 것들도 싫어. 내가 너무 까칠한 거니?”

"무슨 소리야. 조심할 건 해야지! 난 이왕이면 섹스도 집에서 하는 게 좋아. 옷 벗어 둘 때 바닥 살피며 이리저리 머리카락 곤두 세울 필요도 없구."

"오잉, 너도? 으하하하."

"끼리끼리 모인다잖아?"

"그래도 넌 좀 심하다. 결정적인 순간에 남자가 옷 개켜 놓는답 시고 한참 쪼물락거린다고 생각해 봐. 나라도 정말 깰 걸?"

"쳇, 그게 다 편견이라구. 남자라고 뭐 까탈 떨지 말란 법 있냐? 난 내 옷에 먼지 묻는 거 정말 싫어. 구두에 흙탕물 묻는 것도 질색 이구. 고깃집 냄새 배는 건 더더욱(부르르)! 그런데 내 주변엔 어째 곱창이나 삼겹살 좋아하는 여자들만 들끓나 몰라."

"으큐큐, 그래. 네 팔뚝 굵다 굵어."

"말 나온 김에 우리 물 좋은 헬스 클럽이라도 다닐까-?"

"나쁘진 않네. 하지만 실의에 빠진 내 마음은 어쩌구?"

"몸부터 비우고 차차 생각해 보자구."

"너만 믿는다."

"충성!"

다시 의기충천한 두 친구, 역시 수다는 사우나 그 이상이었다.

스킨십이나 섹스 때 남자들도 종종 두려움을 느낀다.

'내가 잘 해야 상대방이 실망하지 않을 텐데.'

이건 꽤 구태의연한 아이템이지만 여전히 위세를 떨치고 있다.

'오늘 속옷 컨셉이 영 아닌데. 스타일 구기는 건 아냐?'

이건 여우 남자들의 '핫한' 고민으로 경험과는 무관하다. 깔끔하고 소심한 취향의 남자들은 몸매, 향수, 복장, 매너, 테크닉, 분위기, 기타 등등 여러 가지 '무대용 소품'이 잘 갖춰지지 않으면 자신감을 곧잘 잃고 만다. 자부심이 하늘을 찌르는 만큼 민망한 부분은 결코 남에게 보이고 싶지 않은 것이다. 한 남자의 결정적인 증언을 들어 보자.

"그럴 때는 잠깐 머리를 굴려 봐요. 오늘 내 엉덩이 뾰루지를 들킬 바엔 차라리 그녀를 놓치는 게 낫겠다는 결론이 나면 미련 없이 그 자리를 뜨죠. 물론 상대가 너무 차마 너무 섹시해서 도저히 거부할 수 없을 경우는 빼구요. 차분히 머리가 돌아갈 만한 대부분의 경우라면 반드시 저울을 재 보죠. 자존심에 손을 들어 줄 것이냐, 순간의 느낌에 올인할 것이냐, 그럼 답은 나오죠.”

오, 상당히 신경 쓰이는 소식이 아닐 수 없다. 자기 몸에 그만큼 날을 세울 지경이면 상대방에게는 대체 얼마나 까탈스럽게 굴까? 이에 대한 남자들의 연이은 대답.

“각자 취향은 다르니까요. 누구는 엉덩이 큰(작은) 게 싫을 거고, 누구는 너무 마른(뚱뚱한) 건 별로라 하고, 누구는 가슴 작은(큰) 게 좋다 하고, 또 다른 누구는 뱃살 나온(없는) 게 좋다는 둥…. 그래도 보편적인 기준에 가까운 몸매를 ‘착하다’ 고 표현하긴 하죠. 뭐, 여자들은 안 그런가요? 힘든 건 피차 마찬가지라니까요!”

듣고 보니 연인이 아니라 라이벌을 하나 더 키우는 것 같다. 달콤해야 할 당신의 연애 전선이 차마 살벌해지지 않기만 기도할 뿐!

연애의 재구성 | 그녀의 치열한 장거리 레이스

“너희들 걔 기억해? ‘자두’ 양 말야.”

동료들이 모인 자리였다. 그녀는 개성 있는 옷차림과 시원시원한 성격으로 모두에게 인기가 많았다.

“결국 그 남자랑 결혼하게 됐다는군!”

“으핫, 정말?”

“멋지다 멋져.”

분위기는 금세 달아올랐다. ‘마린걸’이 리포팅을 계속 했다.

“나도 금방 듣고 온 참이라 정리가 안 되지만 말야. 그동안 자두가 마음 고생이 심했던 모양이야. 남자가 지난 가을 기획특집 취재원이자 다른 잡지사 사진부 기자인 건 너희도 알고 있지?”

“응, 그 남자 어디에 그렇게 꽂힌 거래?”

“나도 언뜻 본 적 있는데 굉장히 쿨한 느낌, 차분한 인상이 썩 매력적이더라구.”

“대단해. 난 아무리 취재원이 매력 있어도 그걸로 쫑인데.”

“자기 타입을 발견하면 씩씩하게 돌진하는 자두의 추진력!”

“그래도 그녀가 무대뽀로 덤벼 들었을 리는 없어. 남자들은 먼저 대쉬하는 여자는 쉽게 생각하거든.”

“굴러들어온 떡, 먼저 거절하는 법도 없지. 흥!”

“알다시피 그녀도 상당한 ‘여우 과’니까 우회로를 개척했어. 그가 좋아하는 게 뭔지 취재를 빙자해 자연스럽게 알아 낸 다음에 작전을 개시한 거지.”

“오옷.”

“궁금해, 궁금해.”

"그가 스쿠터 마니아라는 걸 알곤 당장 2종 소형면허에 도전했대. 그리곤 틈만 나면 상담을 요청한 거야. 어떤 걸로 살까 자문을 구하고, 같이 돌아다니고, 또 그의 새 '애마'에 대해 이런저런 코멘트도 던지고 말야."

"캬하, 사랑의 힘이여!"

"다른 쉬운 아이템으로 작전을 짤 수도 있었는데, 오기가 발동했다나 봐. 처음 인터뷰하던 날도 그는 문제의 스쿠터를 몰고 왔었다는군. 한데 볼 일 끝나자마자 제 갈 길 바쁘다는 듯 애마를 몰고 사라지더라나?"

"그런 남자가 외려 매력적이지 않아? 모든 여자들한테 나긋나긋한 타입 보단!"

"그러게."

"나도 만나고 싶다. 그런 남자!"

"그럼 뭘 하니. 자두처럼 똑 부러지게 나꿔 챌 것도 아니면서."

"그렇네. 속만 쓰리네. 오옹."

"하하하."

"아무튼 얘들아, 그렇게 해서 둘이 친해졌는데, 그래도 그런 남자랑 데이트 비슷한 걸로 발전시키기가 어디 쉬운 일이었겠니? 공을 꽤 많이 들였나 보더라구. 사진이나 잡지 관련 세미나 같은 데

초대하고, 화보 시안에 대해 의논한답시고 그가 좋아할 만한 사진 작가들에 대해 묻는 등 교묘하게 다가간 거야. 그러면서 '덤으로' 여기저기 핫한 클럽이나 레스토랑 등에 데불고 다니며 성적 매력을 어필하는 일도 게을리하지 않았대."

"예술이다, 예술! 좋은 남자 얻는 것도 아무나 할 수 있는 일이 아니군."

"그에 비하면 우린 너무 나태한 거 아냐?"

결국 그 자리는 심각한 자아 비판으로까지 이어졌다. '특별한 남자를 차지하는 건 역시 특별한 여자에게나 가능한 일'이라는 게 그나마 마음 편한 결론이었다고나. 아무튼 그녀의 장거리 레이스는 두고 두고 회자되며 게으른 싱글들을 뜨끔하게 만들고 있다.

듣거나 말거나 | 감은 저절로 떨어지지 않는다

감이 저절로 입 안에 떨어지길 기다리다간 그저 그런 남자의 대쉬나 받고 '연애계'를 전격 은퇴해야 한다. 멋진 연애를 원한다면 일단 마음에 드는 남자를 찾아나서라. 구체적인 목표가 있어야 계획도 세울 수 있는 법이니까. 그런 다음 당신의 존재를 조금씩 인식시켜라.

그가 동네 피시방 알바생이라면 매일 일정한 시간에 출근 도장을 찍는 것도 좋은 방법이다. 돌아가는 것 같아도 역시 이런 게 직접 하는 고백보단 성공 확률이 높다. 자연스럽게 그의 활동 반경 안에서 마주치며 슬슬 눈인사를 주고 받는다든지, 이미 아는 사이라면 일에 관한 가벼운 조언을 구한다든지, 복사기에 종이가 끼여진땀을 흘린다거나 특정 부서 위치를 모르겠다며 도움을 청하는 등의 '귀여운 낚싯밥' 도 괜찮다. 속 들여다보여도 애교 있게 처신만 잘 하면 된다.

물론 말처럼 쉽지만은 않다. 자두 양의 이야기를 통해서도 알 수 있듯 상대에게 교묘히 '힌트만' 준다는 게 여간 어려운 일이 아니다. 시간, 에너지, 확신이 꼼꼼히 필요한 대형 프로젝트! 그럼에도 이런 식으로 원하는 것을 얻는 여우 여자들의 성공담을 주변에서 종종 전해 듣는다. 다음 이야기를 들으면 당신도 생각이 달라질 것이다.

서른 한 살의 그녀는 외국계 회사의 기획팀장이다. 그녀에겐 결혼 약속까지 한 남자 친구가 있었는데, 무슨 일인가로 심각하게 다툰 후 헤어지게 됐다. 먼저 떠난 건 남자 쪽이었다. 그녀는 곧 영향력 있다고 판단되는 그의 스승과 선배들을 찾아 갔다. 그리곤 자신에 대해 프로페셔널하게 '브리핑' 한 다음 이렇게 마무리했다.

"화해하고 싶다면 먼저 연락하라고 전해 주시겠어요? 저도 힘들다는 건, 선생님도 아셨죠?"

이에 그는 다음과 같은 메시지를 남겼다고 한다.

"제 감정을 확신할 수 없군요. 저쪽에서 먼저 적극적으로 나온다면 모를까."

대단한 커플! 뒤끝은 비록 씁쓸하지만 그들의 가상한 노력만큼은 평가해 주고 싶다. '운명적인 만남' 대신 '운명을 가장한 유혹' 이 넘실대는 세상. 그래도 '운명을 빙자한 게으름' 보단 낫지 않을까.

애교 많은 게 죄야?

그는 이 시대의 애교맨이다. 하루에도 몇 번씩 여자 친구에게 "사랑해" "나 지금 너무 행복해" 하는 문자와 육성 고백, 엠에센 멘트 등을 아낌 없이 날렸다. 거리든 어디든 그녀와 살갑게 팔짱을 끼고 돌아다녔으며 재미있는 개그를 소란스럽게 흉내 내기도 했다. 그는 또 열혈 페미니스트다. 여자 친구보다도 여권 문제에 더 관심이 많아 관련 모임에도 꼭꼭 출석해 주고 일상의 '마초적 관습' 들에 대해 분개하기도 했다.

여자 친구는 처음엔 이런 그를 '신선하다' 며 반겼다. 그러나 해를 넘기자 곧 태도가 달라졌다. 그의 '여자 같은' 면모에 짜증을 내기 시작했던 것이다.

"넌 너무 유별나. 피곤해. 더 이상 남자로 느껴지지 않아. 네가 좀더 성숙했으면 좋겠어."

그는 낙담했다. 그녀 말에 맞춰 변해 보려고 노력했지만 도무지 그녀가 말하는 '성숙' 이란 게 뭘 뜻하는지 알 수 없었다. 어색한 옷을 입어 보듯이 박력 있는 척하고 취미를 바꿔 보기도 했다. 하지만 이는 양쪽 모두에게 만족스럽지 못했다. 결국 그는 그녀를 떠나기로 했다. 상대를 위해 노력할 수는 있지만 근본까지 바꿀 수는 없었기 때문이다. 우울 모드에서 빠져나와 이젠 쿨하게 그 '사건' 을 정리한 그는, 이런 질문을 남기고 사라졌다.

"대체 남자다운 게 뭐죠? 근육이나 뽐내고 상대방을 강력하게 리드하는 게 성숙인가요? 애교 많고 섬세한 내가 시시하다며 타박 주던 그애의 고정 관념이 지금도 아쉬워요."

 ## 남자다움에 대한 편견부터 훌러덩!

그의 소신에 한 표! 그녀는 아직 '과도기 모드' 에서 벗어나지 못한 듯하다. 속으론 그를 좋아하면서도, 사회에서 주류로 인정하는 남자의 모습을 완전히 뇌리에서 떨쳐 버리지 못한 것이다. 마음의 변화라는 게 당당한 자기 기준보다는 타인의 시선으로부터 비롯되기 쉬운 법이니까. 하지만 소중한 연인을 고리타분한 편견들과 맞바꿔 버리는 것만큼 안타까운 일도 없다.

상대방이 내게 남자로 느껴지지 않을 때, 그렇게 평가하게 된 기준이 어디로부터 유래했는가 다시 한 번 따져 보길 바란다. 단순히 시중에 유통되는 보편적인 기준에 휘둘린 건 아닌지 찬찬히 되짚어 보자. 이상적인 남성성, 여성성에 대한 이야기들은 이를테면 시중에 떠도는 혈액형 이론, 별점 등과 비슷하다. 그저 흥미롭게 참고만 하면 되는 것이다.

 ## 자기 엉덩이에 흠뻑 빠지다

꽤 잘 나가는 공연 연출가였던 그녀는 같은 분야의 동료를 사귀게 됐다. 상대는 잘 생기지는 않았지만 아이디어와 야심이 많았으며 여직원들의 이야기를 잘 들어 주어 평판이 꽤 좋았다. 뭐든 잘 배려해 줄 것 같은 그의 태도도 마음에 들었다.

프로젝트 하나에 들어가면 며칠 서울을 떠나 있곤 하는데, 미리 준비하고 떠났다고 해서 일이 착착 진행되는 것은 아니었다. 며칠 전부터 출연자들의 섭외 여부를 재차 확인하고, 시시각각 바뀌는 세부 스케줄을 융통성 있게 재조정하고, 무대는 물론 조명과 음향까지 꼼꼼히 점검하고, 프로그램을 몇 초 간격으로 정확히 리허설하는 등 연출자인 그녀에겐 긴장의 연속이었다. 한데 그 사이 사이에 마치 백 년쯤 되는 듯 길고 지루하게 느껴지는 짜투리 시간들이 있다. 두 사람은 주로 그때 데이트를 했다.

그는 겉보기완 달리 스스로에 대해 꽤나 자신감 넘쳐 보였다. 그뿐 아니라 때론 다음과 같은 경지에 도달하기도 했다. 키스 도중 쇼윈도에 비친 자신을 바라보며 머리카락을 넘긴다든가, 부드러운 자기 목소리에 심취한다든가(그래서 종종 그의 말은 늘어지곤 했다), 영화를 보다가 "저 남자 몸매 좀 봐, 차라리 내가 출연하고 말지"라는 썰렁한 농담도 마다하지 않았던 것이다! 한데 진짜 심각한 상황은 그 다음부터였다. 그는 그녀와 함께 달콤한 시간을 보낸 다음, 전신거울에 자신을 비춰 보며 이렇게 중얼거렸다.

"내 엉덩이 좀 봐. 착 올라붙은 게 매끄럽지 않아? 허리에서 엉덩이까지 곡선도 죽여."

그녀는 연인 따윈 염두에도 없는 듯한 그에게 실망했다. 무엇보다 그가 자신의 엉덩이를 바라보던 그 홀린 듯한 눈빛만큼은 용서하기 힘들었다. 이에 그녀는 사표를 쓰듯 매우 건조한 한 줄짜리 쪽지만 남기고 떠났다.

'일신상의 이유로 당신의 엉덩이를 걷어차겠습니다.'

그리곤 다시 그의 마음 편한 동료로 돌아갔다나 뭐라나. 어쨌거나 일은 해야 하니까 말이다.

듣거나 말거나 | 대책 없는 나르시시즘은 사절하라

건강한 자기애와 불치의 나르시시즘은 별개다. 오직 '내 안에 나만 있다' 는 남자와 연애하느라 고생을 자청할 필요는 없다. 자신에게 온통 정신이 팔려 있는 나머지 미처 당신을 음미할 만한 재치도, 여유도 없는 남자라면 처방은 분명하다.

"거울하고나 계속 연애하시지!"

이렇게 외쳐 주고 통쾌하게 뺑 차 버려라. 고집불통 나르시시즘은 어느 때고 낡고 진부한 감각일 뿐이다. 그가 그 점을 충분히 부끄러워하게 만들라.

연애의 재구성 | 내겐 너무 게으른 그녀

여럿이 모여 이런저런 인생사를 논하던 중에 늘 그렇듯 연애

이야기로 분위기가 흘러갔다. 참석자들의 귓불은 잘 익은 방울 토마토처럼 물들었고, 입가엔 다양한 표정이 미세한 물결로 새겨졌다. 바로 그때였다. '가위손'이 손을 내저으며 심각하게 말을 꺼낸 것은.

"요즘 여자애들요. 겉으론 멀쩡한데 다들 왜 그러는지 모르겠다니까요."

"어, 뭐가 잘 안 돼?"

"자세히 이야기해 봐."

우린 어느새 그의 입술만 쳐다보며 바싹 다가앉았다.

"제가 좀 부지런한 편이잖아요. 매일 아침마다 헬스에, 조깅에, 일주일에 서너 번은 요가 클래스에도 나가고 있구요. 자격증도 너덧 개 되고, 곧 또 하나 도전할 예정이구. 멍하니 흘려 버리는 시간을 용납 못 해서 운동이든 공부든 작업이든 끊임 없이 해야 직성이 풀리죠."

"오모나."

"그런 놈이었구나. 몰랐네."

"아, 뭐 대략 그렇다는 거구요. 아무튼 얼마 전엔 전공 분야도 아닌 디자인 공모전에 도전하느라 바빴어요. 사진이랑 그래픽 작업도 곧잘 하니까 꽤 자신도 있었구. 그래서 사귄지 얼마 안된 여자 친구에게 도움을 요청했죠. 처음엔 그녀의 상큼한 분위기에 혹했는데, 보름쯤 작업을 핑계로 같이 지내다 보니 영 아닌 거예요. 이를테면 밤샘 후에도 전 꼭 샤워하고 머리 말리고 그러고도 최소 30분 이상 거울 앞에서 분주한데 얘는 마냥 한가한 거예요. '나라면 그럴 시간에 작업을 좀더 하겠다. 너무 유별난 거 알아? 그러더니 부스스한 얼굴에 바람 머리 그대로 소파에 몸을 쭈욱 뻗곤 보란 듯이 하품을 쫘악 해요. 밥 먹을 시간에 잠이나 자두겠다면서요."

"확실한 프로 근성! 마음에 든다."

"키득키득."

"글쎄요. 한두 번도 아니고 매번 그렇게 사람을 비아냥거리니 피곤하던데요? 최소한 전 상대방에게 내 기준을 강요한 적은 없거든요. 그녀가 거리낌 없이 똥배를 내밀어도 속으론 울렁거릴지언정 '오늘 잘 먹어서 이쁘네? 하고 좋아하는 척 해 줬죠."

"오."

"그녀도 뒤늦게 속내를 털어 놓더

라구요. '색다른' 남자 친구 때문에 스트레스 좀 받았다고, 그래서 일부러 심술도 부렸었다고. 하지만 이미 때는 늦었죠."

'가위손' 은 입술을 퉁 내밀더니 큼직한 손으로 냅킨을 집어 분풀이하듯 테이블 가장자리를 닦기 시작했다.

| 긴장감을 적극 즐겨라

그녀가 좀더 현명했다면 스트레스를 받는 대신 차라리 그 긴장감을 즐겼을 것이다.

'내가 곧 죽어도 못하는 걸 그가 잘 하니까, 이 기회에 정신 바짝 차리고 배워 봐야겠어. 메이크업이나 트렌드에도 관심 많다고 했지? 어쩜, 여자 친구랑 애인을 동시에 얻은 거나 같네. 꿩 먹고 알 먹고!'

그렇게 보조를 맞추는 한편 그가 더 이상 잔소리하지 못하게 부지런히 내공을 길러 둔다. "이렇게 해 보면 어때? 내 방식도 쓸만해" 하고 부드럽게 제안해 가면서. 상대방의 '남다른' 점을 무조건 괴상하다며 몰아부친다고 당신의 자존심을 보장받는 건 아니다.

Q. 그를 너무 무안하게 한 걸까요?

그와는 모 업체의 론칭 파티에서 만났습니다. 그날을 계기로 다른 회사의 몇몇 사람들과 정보 교환과 친목 등을 겸해 모였죠. 가벼운 칵테일을 곁들인 모임을 몇 번 가졌고 그때 그를 좀더 잘 알게 됐습니다. 마침 그쪽과 내가 준비중인 프로젝트의 성격이 비슷해서 겸사겸사 둘만 약속을 잡았어요. 어찌나 심장이 두근대던지! 그도 그날은 무척 다정하고 솔직하게 대해 주었어요. 어쩌다 보니 밤 늦게까지 같이 있게 되었는데 그가 2차를 제안하더라구요.

"선배랑 동업하는 바가 이 근처에 있는데, 가 볼래요?"

홍대 한적한 구석에 꽤 세련된 바가 있었어요. 당시 유행에 맞춰 동서양 분위기가 섞여 있는 인테리어였죠. 어두우면서도 기묘한 느낌이 나는 공간이었어요. 각 테이블마다 굉장히 독립적인 느낌이 들도록 배려한 게 느껴졌어요. 이국적인 분위기가 마음에 든 데다 평소 호감을 갖고 있던 사람과 함께 있다는 생각에 더욱 가슴이 설레었어요.

이윽고 문 닫을 시간이 되자 손님들도 하나둘 자리를 뜨고 우리만 남았어요. 조금 머쓱했죠. 그는 그런 내 기분을 헤아렸는지 편안하게 해 주려 애쓰더군요. 자정쯤 되자 그는 어디론가 전화한 후 직원을 내보냈어요. 그리곤 블라인드를 내리고 바 문을 잠그더군요. 이런 멋진 공간에 두 사람만 있다니, 마치 놀이 공간에 몰래 들어와 노는 것 같았죠. 그는 가까이 다가와서 내 팔을 살짝 어루만지며 말했어요.

"이렇게 바 안에서 단둘이 데이트해 본 건 처음이에요."

그러면서 슬쩍 키스해 주었어요. 촛불은 사방에서 넘실대고 저도 그 사람도 기분 좋게 취해 있었죠. 긴장해서 칵테일을 너무 많이 마신 탓도 있을 거예요. 하지만 그가 천천히 내 다리에 손을 뻗는 순간, 그만 깜짝 놀라 일어나고 말았어요.

"이젠 그만 돌아가야겠어요."

뻔한 레퍼토리라 하실지 모르지만 그건 제 진심이었거든요. 화들짝 깨는 느낌이 들면서, 아직 그에 대한 확신이 없다는 생각을 하게 됐죠. 그는 무안한 듯 내게서 떨어지더니 이렇게 말했어요.

"그럼 여기서 자고 가요. 내일은 바가 쉬는 날이니까 출근할 때까지 아무도 들어오지 않을 거예요. 지금 집에 가 봐야 몇 시간 쉬지도 못할 거 잖아요."

그러면서 그는 친절히 내게 열쇠를 맡기고, 나갈 땐 어디 불을 끄고 나가야 한다는 둥 몇 가지 사실을 일러 주었어요. 그리곤 담요를 찾아와 내게 덮어 주곤 자리를 떴죠. 마침 회사가 바에서 가까운 곳에 있었기 때문에 그의 제안이 나쁘지는 않았어요. 그가 날 위해 그런 배려까지 해 주었다는 사실에 감동하기도 했구요. 그의 말 대로 멋진 바 안에서 푹 쉬고 회사에 출근했어요.

그런데 다음 날부터 그에게서 연락이 없네요. 아무래도 내 행동이 그를 무안하게 만든 걸까요? 모임에선 아무 일도 없었다는 듯 행동하더군 요. 그의 태도가 너무 달라져서 당황스러울 지경이에요. 내가 융통성 없는 여자로 비춰져서 실망한 걸까요, 아니면 좀더 천천히 두고 보자는 생각인 걸까요? 제 감정이 이젠 확고해졌다는 걸 보여줘야 하나요? 아무래도 그를 좋아하기는 하는가 봐요. 이렇게 노심초사하는 걸 보면요.

A. '숨겨진' 다른 이유는 없어요

결론은 '그럴 필요 없다' 입니다. 그는 그저 하고 싶은 대로 했을 뿐이고 당신 또한 자신이 원하는 대로 했던 거니까요. 바에서 당신 혼자 쉴 수 있도록 배려한 건 그의 평소 친절함에서 우러나온 행동이니 감동할 것까진 없습니다. 매너 좋은 사람들은 원래 누군가 자신 때문에 불편해진다든가 하는 걸 껄끄럽게 생각하거든요. 차라리 뺨을 맞고 말지 찜찜해진 상황을 방치하긴 죽어도 싫어 하는 인간들이니까요.

또 그렇게 주도면밀한 남자라면 그후로 주저 없이 이런저런 아이디어로 당신에게 데이트를 청했을 겁니다. 그렇게 하지 않은 건 단지 그럴 마음이 없기 때문이죠. 그러니 괜히 그날 있었던 일을 몇 번씩 되돌려보며 자책하는 건 어리석은 일입니다. 그에겐 당신이 무난한 '옵션' 들 중 하나였을 뿐이랍니다.

핑계충만형

우유부단한 척 자신의 마음을 무한정 보류해 두려는 그는 바람둥이일 수 있다. 당연히 애매모호함이 주특기! 손해 보는 짓은 가급적 하지 않으므로 먼저 자신의 마음을 고백하거나 약속하는 일 따윈 없다. 대신 깍듯한 매너로 그 빈틈을 메꾸려 애쓴다.

연애의 재구성 | Mr. 내 안엔 내가 너무 많아

20대 후반에서부터 30대 중반까지 커리어와 매력 모든 면에서 빠질 데 없는 '에너지걸' 들이 한 자리에 모였다. 나이와 사랑에 대해 허심탄회한 이야기가 오가던 중 한 명이 비명을 내질렀다.

"전 '결혼 안 하세요?' 라는 질문이 세상에서 제일 무서워요! 오늘도 그 소릴 몇 번씩이나 들었는지…. 스스로는 아무렇지 않은데 남들이 자꾸 이상한 듯 쳐다보니 죽을 맛이에요."

"오, 그럴 땐 싱긋 웃으면서 이렇게 대답해 주면 돼요. '어쩌다 보니 그렇게 됐네요' '뭐 별 다른 계획이 있었던 건 아니구요'"

"키득, 맞아요. 여유 있게 맞받아쳐야죠. '아니, 그래서 어떻다는 거죠?' 라는 표정이 특히 중요해요."

"하하하."

“재밌어요. 그런데 정말 ‘어쩌다 보니 그렇게’ 된 걸까요? 그 진짜 이유를 저도 잘 모르겠다니까요.”

“맞아, 궁금하네.”

“다들 이야기해 봐요.”

내심 그녀들도 그 ‘진짜 사연’이 궁금했던 것이다. 누군가 먼저 입을 열었다.

“20대 후반인 제 또래 이야길 들으면 꼭 이런 남자들이 등장해요. ‘오, 내 안엔 내가 너무 많아. 널 사랑하긴 하지만 그럴 준비가 되어 있는지 잘 모르겠어. 자기 생각은 어떤데?’ 짐짓 아주 다정한 척 묻는 거죠.”

“으음.”

“마지막의 ‘자기는?’ 요 부분이 압권이에요. 여자들은 그쯤에서 자기가 주도권을 쥐었다고 착각하거든요. 그리곤 그의 말을 이렇게 해석하죠. ‘아직 내 마음은 정리되지 않았지만 그럴수록 우리 노력해 보자. 내게 잘 해 보자고 말해 주지 않겠어?’ 하지만 천만에, 그는 그저 당신에게 프러포즈하기 싫었을 뿐이죠. 약속도 이별도 미루고 즐길 생각만 했던 거고. 그런데 친구들은 자꾸 그런 남자들에게 빠져들어 헛되이 시간을 보내곤 해요.”

그녀의 분석은 예리한 데가 있었다.

"뜨끔해지네요. 저도 그런 시절이 있었거든요. 객관적으로 내세울 만한 것도 별로 없는 사람이었는데, 그때 난 왜 그렇게 꼼짝 못했나 몰라요. 그의 터무니없는 자부심이 나한테까지 옮아 온 것 같기도 하구. 왜 그렇잖아요, 못 생긴 사람도 자꾸만 '나 잘 생겼지? 멋지지? ㄴ 같은 사람 만나기 힘든 거 알지? 하고 노래 부르면 듣는 사람도 진짜로 믿어 버리게 되는 거. 그 시절 난 최면에 걸렸었나 봐요."

"하하, 그럴 듯해요."

"나중에 나도 써먹어 봐야겠다."

"그러니까 상대가 풍기는 분위기나 내뱉는 말 등을 통해 그를 현실과 다르게 상상해 버렸다는 거죠? 이해할 만해요. 나도 비슷한 사람을 만났는데 그는 틈만 나면 나 들으라는 듯 투덜대곤 했어요. '아, 난 왜 이렇게 복잡하지? 빨리 안정된 생활을 하고 싶은데, 이렇게 계획이 너무 많아가지고서야 도통 마음을 잡기 힘드네. 난 정말 욕심이 많은 사람인가 봐' 그야말로 똥폼이었는데도 그땐 그게 다 매력으로 느껴지더라니까요."

까르르! 공감의 웃음소리.

"맞아, 나도 한 명 생각나요. 처음엔 별로였는데 하도 교묘히 다가오니까 어찌 어찌 자주 만나기 시작한 사람이었어요. 그때 집에서는 어떻게든 절 빨리 결혼시키려고 했거든요. 누구 사귀는 사람 없냐길래 반쯤 포기한 심정으로 대답해 버렸죠. '있어요. 곧 소개시켜 드릴게요' 그 이야길 전했더니 그 남자, 분위기 빡 잡으며 말하는 거예요. '널 사랑해(심호흡). 하지만 내가 평생 그런 거에 얽매일 생각 없다는 거, 너도 잘 알잖아' 내가 다시 물었죠. '그럼

날 보고 어쩌라고? 당신 가치관을 존중해 달라고?' 그랬더니 대답
이 가관이예요.'

"뭐랬는데요?"

"날 쳐다보지도 않고 말하더군요. '그건 자기가 판단할 문제
야. 강요할 수 있는 게 아니잖아' 한 마디로 '눈 가리고 아웅' 인 거
죠. 기가 막혀서 그 뒤론 연락을 끊었어요. 그도 그날 이후 꽁무니
를 뺐구요."

"저런, 다음에 그와 마주치면 이렇게 말해 주세요. '내 안에 내
가 너무 많아' 님, 뱃속이 빵빵하시다구요. 소화제를 드셔 보는 건
어때요?'"

"으하하."

"까르르."

그렇다. 고뇌하는 척 하던 수많은 그들은 단지 그녀들을 책임
지기 싫었던 것 뿐이다. 그날 모두 깨닫게 된 건 그런 타입의 남자
가 생각보다 흔하다는 사실이었다.

"한데 이 빤한 상황을 그땐 왜 눈치채지 못했을까요?"

누군가 묻고 또 다른 누군가가 답했다.

"우리도 반성해야죠. 추켜세워 준다고 마냥 우쭐해지기나 하고.
결국 그 남자들은 '머슴의 탈을 쓴 안방마님' 이었던 셈이에요."

“맞아요, 진짜 여우는 따로 있었다니까.”

창밖엔 어느덧 해가 지고 있었다. ‘어쩌다 보니 미스테리’에 대한 해답을 얻은 그녀들은 하나둘 만족한 표정으로 자리에서 일어났다.

 | 뻔뻔한 핑계는 팅겨 버려라

심지어 ‘늘 결혼하고 싶어하는’ 남자들 중에도 이런 타입은 어렵지 않게 찾아볼 수 있다. 그들은 이렇게 말한다.

“난 늘 행복한 가정을 원했는데 그게 잘 안 됐어. 왜 그런지는 나도 잘 모르겠어. (왠지 비극의 주인공 같은 표정으로) 아마도 나, 너무 복잡한 사람인가 봐.”

겸손한 척 결국은 자기 잘났다는 이야기. 여자들이 자기의 높은 콧대를 못 따라잡아서 이제껏 그 꿈을 못 이뤘다? 그러니 넌 좀 분발해라, 뭐 이런 뻔뻔한 스토리? 하지만 안타깝게도 당신은 대부분의 여자들처럼 자신에게 유리한 쪽으로 퍼즐을 맞춰 볼 것이다.

‘안 됐다. 이렇게 멋진 사람이고 나한테도 너무 잘 하는데 그동안 얼마나 힘들었을까? 난 다른 여자들과는 달라. 그를 행복하게 해 줄 거야.’

아서라. 아낌 없는 모성애를 꺼내 들기엔 때가 너무 이른 듯하다. '내 안에 내가 너무 많다'는 그의 멘트는 사실상 '난 나쁜 남자야. 절대 믿지 마' 하는 고백이나 다름 없다. 결정적인 단서를 코앞에서 놓쳐 버리는 일은 없길 바란다.

 | 내게 사랑한다고 말해 봐

"남자들은 왜 먼저 사랑한다고 말하지 않을까?"

"응?"

골똘히 생각에 잠긴 '송이' 양의 멘트에 난 맹하게 반문했다.

"정말 얄미운 게, 사귄지 1년이나 됐는데도 먼저 사랑한다고 말한 적이 없다는 거야. 내가 '사랑해' 하면 그제야 '나아~두!' 하고 닭살 돋는 목소리로 좋아라 하거든. 흐응. 처음엔 귀엽기도 했는데 매번 그러니까 치사하게 느껴져. 내가 너무 삐딱한 거야?"

"크크, 그래도 네 남자 친구는 애교라도 있네. 넌?"

난 먹느라 정신 없는 '빼드' 군의 옆구리를 쿡 찔렀다.

"에에?"

"그러니까 넌 어떤 쪽이냐고?"

내용을 요약해 주자 그제야 생각에 잠겨 보는 척 하는 빼드.

"말해 주는 거야 어려울 것 없지. 한데 그녀가 먼저 요구해 오면 괜히 하기 싫어질 걸? 추궁 당하는 것 같잖아. 뭘 충분히 못해

줬나? 내 마음을 의심하나? 뭐 이런 식. 부담스럽다구."

그는 '뭘 더 해, 못해 못해' 하는 시늉으로 코믹하게 얼굴을 구겨 보였다. 그리곤 다시 먹는 데 올인. 이번엔 밥그릇 확실히 비우고 난 '오뎅' 군기 침착하게 끼어 든다.

"난 사랑한다는 말 밥 먹듯하는데. 그러니까 오히려 걔가 식상해하던데? 그러거나 말거나, 내가 좋으니까 하는 거야. 뭐 그리 복잡해. 되도록 표현하면서 사는 게 좋지 않나요들?"

두 남자의 증언을 들었건만 나와 송이의 의문은 해결되지 않았다. 요즘 남자들은 사랑 고백 앞에 왜 이리 얍삽해진 걸까? 먼저 말하긴 귀찮고 자주 듣고는 싶고 좀처럼 자기 마음을 표현하려 들지는 않고. 어째 다 마음에 안 든다. 그런가 하면 '오뎅' 처럼 틈만 나면 "사랑해, 알러뷰"를 외치는 야들야들한 남자들도 심심찮게 눈에 띄는데 그건 또 너무 과하다. '대체 쟤가 생각이나 하면서 내뱉는 걸까?' 싶어 경멸과 의구심만 깊어질 뿐이다. 자, 다시 원점.

"어쨌든 우린 꼭 사랑을 확인하고 싶단 말이지!"

"그래, 궁금한 건 어쩔 수 없잖아. 표현하는 삶이 좋다고 난."

문득 '밴드' 가 코웃음치듯 물었다.

"한데 왜 그걸 꼭 말로 확인받으려는 거야?"

"그럼 더 좋은 방법 있니? 확인은 하되 남자들 잔머리를 거치지 않고 그 마음을 알아 내는 법. 일종의 비밀 테스트는 어때?”

그러자 송이는 자신의 짓궂은 기억을 털어 놓았다.

“지금 생각하면 좀 미안하지만 말야. 금방 차를 뽑은 남자 친구가 자랑스럽게 내 앞에 나타난 거야. ‘이것 봐. 근사하지’ 난 당장 운전석으로 달려들며 외쳤어. ‘내가 좀 몰아 봐도 돼?’ 순간 그의 얼굴이 창백해지더군.”

“으하핫.”

“그는 약 10초간 입을 다물더니 곧 정신을 차리는 듯했어. 그리곤 예상 외로 흔쾌히 말하는 거야. ‘그럼, 잘 해 봐. 난 조수석에 앉을게.’ 감동이 쓰윽 밀려오더군.”

“오, 괜찮은 방법이야. 그가 애인만큼 아끼는 새 오디오, 카메라, 게임기 등을 한번씩 건드려보면 되겠다.”

“으헷.”

배를 채운 ‘오뎅’ 이 혼자 중얼거렸다.

“웅, 그럼 난 여자 친구가 무지 아끼는 시디를 빌려 볼까. 또 얼마 전에 프리마켓에서 샀다는 끝내 주는 스카프 있던데 그것도 한번? 딱 내 스타일이던데 말야. 일주일쯤 두르고 다녀 볼까 봐.”

“앙, 너무 가혹한 거 아냐?”

“어허! 왜 이러셔들. 입장 바꿔 생각해 봐. 테스트도 확인도 다

좋지만."

"어머 어머, 지금 훈수 두시는 거예요?"

이렇게 해서 우린 간신히 아주 간신히 약간의 궁금증을 해결할 수 있었다는, 뭐 그런 싱거운 이야기였다.

 | **연애 7년차 그녀의 비법을 낚아라**

"자기 나 사랑해?" 하고 일일이 말로 확인하려 드는 건 어쩐지 촌스럽다. '뺀드' 군의 증언처럼 그런 말을 습관적으로 요구하다 보면 상대가 부담을 느낄 수도 있을 것이고. 한 친구는 상황을 다음과 같이 정리해 주었다.

"그런 형이상학적인 질문은 던져 봤자 여자들에게도 불리할 걸? 본전도 못 찾을 거라구. 처음에 남자들은 '당연히 사랑해' 라고 말할 거야. 그러다 내친 김에 한번 더 생각해 볼 수 있지. '짚고 넘어갈 문제가 한두 개가 아니네. 언제부터 그녀를 사랑한다고 확신한 거지? 설상가상 그녀의 요구가 지겹게 되풀이되면 진도는 여기까지 나갈 수 있어. '아니, 내가 저런 여자를 정말이지 지금껏 사랑해야 할 그럴싸한 이유라도 있는 거야?' 사소한 질문의 여파가 그렇게 미칠 수도 있다구. 여자들은 제발 이 사실을 고려해 줬으면 해."

그의 말이 맞다. 이젠 좀더 교묘한 방법을 찾아보도록 하자.

연애 7년차 후배한테서 얻은 힌트! 몇 명이 함께 여행을 떠난 길이었다. 몇 시간을 달린 끝에 우린 잠시 휴게실에 차를 세워 두고 먹을거리를 찾아 나섰다. 운전을 도맡았던 후배의 남자 친구는 토막잠을 청하기로 했고. 20분 쯤 후 그녀 핸드폰으로 전화가 걸려 왔다.

"으응? 자기 일어 났어?"

그녀의 나긋나긋한 목소리.

"물 한 병? 그러지 말고 자기가 직접 와서 고르면 어때? 몸도 풀 겸 한번 들렀다 가. 자기 오면 다 같이 출발하면 되겠다아."

그리곤 그녀는 차마 거절할 수 없는 매혹적인 콧소리를 내며 전화를 끊었다.

"빨리 와아. 보고 싶어요."

짜르르, 바로 저거야. 강력한 우회 전술! 곰 타입의 여자들은 분명 다음과 같이 응수했을 것이다.

"그래, 운전하느라 피곤했지? 당장 사 갖고 갈게. 더 필요한 건 없구? 응응(받아 적는다). 그나저나 좀더 자지 왜 벌써 일어 났니? 우린 여기서 더 기다릴 수 있는데(꽥)."

그런 면에서 그녀는 확실히 달랐다. 도도했으며 동시에 애교만

점이었다. 손가락 하나 까딱 않고 그가 생수를 '셀프 서비스' 하도록 유도했는데 그러면서도 비굴한 '서빙 멘트' 는 일절 던지지 않았다. 짧은 몇 마디 말로 우아하면서도 카리스마 있게 그를 움직인 것! 처음엔 미안해하던 우리도 곰곰 생각해 본 결과 새로운 사실을 깨닫게 되었다.

운전자 못지 않게 나머지 멤버들도 각자 나름대로 화려한 플레이를 펼쳤음을 기억해 낸 것이다. 그가 지루해할까 봐 번갈아가며 옆에서 계속 수다 떨어 주고 노래 불러 주고 집요한 졸음도 참아냈으며 지도책을 수없이 넘겨 가며 표지판 해독에 골몰했다. 그뿐인가. 먹을 것들을 쉼 없이 날라 주고 찌직거리는 라디오 채널을 조정해 가며 디제이 노릇까지 완벽히 소화하지 않았던가!

그제야 난 그녀의 처방이 심지어 균형 잡힌 것이기도 함을 알게 됐다. '건설적인 여우' 와 '마음만 급한 곰' 의 뇌 구조는 이처럼 달라도 확실히 달랐다. 오, 저 입체적이고 유연한 사고 방식! 연애가 이른바 '자발적이며 즐거운 노동' 이라면 그녀의 남자 친구는 이를 실천하느라 꽤 행복한 듯했다. 이쯤 되면 개놓고 "사랑한다고 말해 줘" 라고 요구하는 건 너무 안이하다는 생각이 들지 않는지?

상담 게시판을 운영할 때 알게 된 그녀는 언뜻 남들이 공감하기 어려운 고민에 빠져 있었다. 동거 중인 남자 친구가 자꾸 속을 썩인다고 했다. 상냥하던 그의 모습을 기억하는 나로선 의아할 수밖에 없었다.

"왜, 너무 완벽해서 숨 막혀?"

"그런 게 아니라니까."

그녀는 답답하다는 듯 한숨부터 내쉬었다.

"그는 사람들 있는 데선 그야말로 완벽한 애인이지. 인정해. 그런데 그게 전부가 아니라는 거야."

"이를테면?"

"모임에서 돌아오고 나면 언제 그랬냐는 듯 냉담해져. 딴 사람처럼 무심해진다구. 다른 사람들과 함께 있을 때만 눈이 빛나."

"둘만의 관계에 싫증난 건 아닐까?"

"그런가 싶어서 항의도 해 봤어. 그럼 또 그건 절대 아니래. 오히려 무슨 소리냐며 펄펄 뛰던 걸? 그냥 평범한 쇼맨십으로 봐 주면 안 되겠냐고. 결국 나보고 이해하란 소린데 그런 해괴한 변명은 난생 처음이야."

"저런."

"자긴 반성할 게 없단 얘기지. 딱히 불평할 건 없지만 그렇다고 둘 사이에 남다른 유대감이 있는 것도 아니고. 무대에서 퇴장하면 그는 재빨리 자기만의 공간으로 숨어 버려. 귀찮게 굴지 말라는 듯 싸늘한 표정으로 말야. 그런 거 있잖아, 남들 앞에선 완벽한데 뒤돌아서면 딱 남남인 커플. 집안 수준 비슷하고, 취향도 외모도 뭐 썩 빠지지 않고, 하는 일도 비슷하니 요모조모 서로 도움 되고 손해 볼 거 없지 뭐. 일종의 동업관계랄까. 그런데 난 이렇게 살고 싶지 않아. 그는 괜찮은지 몰라도, 난 말야. 사랑은 그런 게 아니잖아. 남 보기 좋으라고 쇼윈도에 진열해 놓고 나 몰라라 하는, 그런 건 최소한 아니잖아. 안 그래?"

어느새 그녀의 귓불이 달아올랐다.

"그런데 문제는 이 상황에서 내가 별거를 선언하면 미쳤다고 할 사람이 한둘 아니란 거지! 엄마조차 내 맘을 몰라 준다니깐. 천방지축인 딸을 그나마 헤아려 주는 남자가 어디 있느냐는 거야. 다들 뭘 몰라도 한참 모른다구."

"좀더 노력해 보면 안 될까? 둘이 보내는 시간을 색다르게 어쩌고."

"다 해 봤어. 하지만 그는 못 말리는 무대 체질인 걸? 사람들 앞에서 행복한 척, 완벽한 남자 친구인 척하는 데서 스릴을 느끼는가 봐. 다른 데선 영 불감증이야."

　　그녀는 그후 주위의 격렬한 반대도 물리치고 아낌없이 자신의 '친절한 남자 친구 씨'를 정리했다고 전했다. 그럴 바에야 차라리 훈련 잘된 개인 비서를 고용하는 게 낫겠다면서.

　　"내겐 사랑이 필요해. 서비스 말고!"

　　그게 그녀의 남자 친구에 대한 해고 사유였다.

듣거나 말거나 | 너만의 '진실 혹은 대담'을 찾아라

　　때로 인간 관계란 가면 놀이 같아서 겉으로 웃고 있으면 그럭저럭 별 탈 없이 잘 살고 있는 듯 여겨진다. 그 미소에 홀린 타인들이 무책임하게 "잘 지내는구나" "정말 잘 어울려" "행복해 보이네"라고 말해 주면 당사자들도 주문처럼 그런 평판에 빨려들기도 하고.

　　하지만 현실을 돌아보는 게 좋다. 남들이 뭐라건 내가 진짜 원했던 것들을 기억해 내고 '대충 문제 없는' 현재에 이의를 제기할 필요도 있다. 특히 자기 관심사에만 충실한 남자 친구를 두었을 경우엔 더 말할 나위도 없다. 다행히 그녀는 다른 사람들의 말에 개의치 않고 자신의 내면에 용감히 귀 기울였다. 달콤한 평판이나 안전 지상주의, 편의주의는 끝내 그녀를 설득하지 못했다. 당신도 한번쯤 연인과의 '흠 없는 일상'을 떠나 자신만의 '진실 혹은 대담'에 귀 기울여 보길 권한다.

Q. 아우, 따라잡기 힘들어요!

전 꽤 단순한 편이에요. 인간 관계 계산하는 거 딱 질색이고, 아니면 아니라고 그 자리에서 분명히 말하고. 한데 요즘은 그런 게 덜 떨어진 것처럼 느껴져요. 사람들은 마음을 쉽게 내보이지 않고 그러면서도 웃는 얼굴로 잘 살아가고 있잖아요. 연애도 마찬가지예요! 다들 가슴보단 머리를 쓰는 것 같아요. 어설픈 저로선 피곤하고 힘들 뿐이죠.

특히 이 남자랑 만나면서부터는 고민이 깊어지네요. 그가 날 좋아하는 건지 아닌지, 어떤 경우에 내가 여자로서 매력이 없어 뵈는 것인지? 기타 등등 생각해야 할 게 너무 많아졌어요. 그만큼 날 설레고 헷갈리게 만드는 남자거든요.

분명한 건 제가 이제까지 만났던 부류와는 다른 타입이라는 거예요. 그는 모든 면에서 섬세하고 지적인 것 같아요. 이야기를 듣다 보면 모든 게 너무 세련되고 우아해서 그만 저도 모르게 행복해지거든요! 만난지 얼마 안 되었지만 벌써부터 궁금해집니다. 앞으로 그와 어떻게 될지, 너무 버거운 상대는 아닐지? 막상 그가 정식으로 사귀자고 해도 부담스러울 것 같고, 이래저래 제 마음도 잘 모르겠어요. 이대로 그를 계속 만나도 좋을까요?

A. 모호함을 최대한 즐겨보세요

당신의 연애 패러다임에 그야말로 일대 혼란이 왔군요! 너무 복잡하게 생각지 마시구요. 그렇다고 앞서갈 필요도 없을 것 같아요. 신선한 느낌을 만끽하면서 천천히 상황을 살피는 것도 좋아요. 감정 조절이 생각만큼 쉽지 않겠지만요. 사람은 자신에게 없는 것들을 새로 알아가는 과정 자체에 민감하게 반응합니다. 그래서 똑똑한 여자들도 그토록 ‘지적인 남자들’에게 미련을 못 버리나 봐요. 그가 비록 위험한 바람둥이일지라도요.

아무튼 그 과정에서 오는 설렘이나 흥분을 곧장 그의 매력 때문이라고 지레 넘겨짚지는 마세요! 지금 당신은 그의 스타일과 세련됨에 압도되어 있을 뿐이랍니다. 힘의 균형이 깨진 상태에서는 그럴 듯한 연애 관계가 형성되기 어렵습니다.

스스로의 열정에 충실한 건 좋은데 템포를 조금 늦춰 보면 어때요? 당신 가슴 속의 그 무수한 느낌표들이 실은 다른 데서 비롯되는 것은 아닌가, 조심스럽게 체크해 보세요. 너무 뜸 들이는 처방인가요? 지금으로선 그게 최선일 것 같네요.

주도면밀형

그에게 인생은 한판 비즈니스. 연애할 때도 절대 손해 안 보고 살아남으려 발버둥친다. 좋게 보면 깔끔한 실속형, 나쁘게 말하면 경이로운 잔머리형. 연인간의 사소한 커뮤니케이션에도 전술을 세우고 원하는 것을 얻기 위해 때론 냉정한 연기력을 선보인다.

연애의 재구성 | ## 매너 뒤에 숨은 뻔뻔한 진실

그는 진정한 고수였다. 상대를 배려하는 데도 고수, 즐겁게 만들어 주는 데도 고수. 모든 건 그의 손 안에 있었다. 데이트 때면 그는 늘 차로 그녀를 데리러 오고 사려 깊게 모든 말을 들어 주었다. 또 공연장에선 언제나 정중한 제스처로 조심스럽게 이끌었다. 선물도 명품 아니면 하지 않았고 여행 때면 늘 쾌적하고 고급스러운 호텔이나 펜션을 예약해 두곤 했다. 멋진 여행 장소를 고르는 수고도 늘 그가 했고 몇 시간씩 즐거운 표정으로 운전대를 잡는 것도 그였다.

남자 친구 항목에 '모범 답안'이라는 게 있다면 바로 그일 것이다. 참으로 그는 이 모든 걸 기꺼이 그리고 효과적으로 해 냈기에 그녀는 그와 함께 있으면 할 일이 없었다. 그녀는 이런 그의 태도

를 사랑의 증거라고 생각하며 흐뭇해했다.

하지만 그녀는 어느날부턴가 이 '완벽한 데이트' 패턴에 뭔가 수상한 점이 있다는 사실을 알게 됐다. 이를테면 그는 데이트 시간을 자기 위주로 잡았다. 자기 보다 바쁜 직종에 있는 걸 감안해 그녀도 일찌감치 상대쪽에 맞추기로 동의하긴 했지만 말이다. 돌이켜보니 그는 늘 이런 식이었다.

"며칠 뒤에 시간을 잡아 볼게. 네가 너무 보고 싶어."

말하자면 그는 빠듯한 시간을 내어 그녀에게 '할애하는' 자애로운 남자였던 것이다! 저녁 메뉴를 정할 때도 그는 선수를 쳤다.

"먹고 싶은 게 뭐야? 난 어쩐지 오리고기가 땡기는데."

그녀는 순순히 고개를 끄덕였다.

"그렇게 해요. 뭐 나쁘지 않아."

그는 미리 생각해 둔 곳으로 차를 몰았다. 그리곤 쭈그리고 앉기 싫어 하는 그녀에게 "미안 미안, 여긴 방으로 들어가야 오래 있을 수 있거든. 오늘 너한테 '특별히' 할 말도 있고. 괜찮지?" 하는 식으로 그럴 듯한 핑계를 갖다 댔다. 특별하긴 개뿔. 돌아오는 길에 그는 "내가 기분 좋게 해 줄게" 라며 그녀가 따분하게 여기는 음악들을 잔뜩 틀었다. 그녀는 졸려 죽을 지경이었지만 그렇다고 딱히 뭔가 말하기도 귀찮아서 그럭저럭 입을 다물 수 있었다. 그는 때로 그녀에게 멋진 공연도 보여주었는데 아이템, 날짜, 좌석 등은 모두 그의 취향에 따라 결정됐다. 그는 먼저 예매를 끝내 놓곤 흐뭇해하며 그녀에게 통보했다.

“내가 자길 위해 예약해 뒀거든? 워낙 유명한 공연이라 좋은 자리 찾기가 하늘에 별 따기더라. 좋아?”

그는 늘 이렇게 선심을 쓰는 것에서 더 나아가 은근히 그녀에게도 ‘힌트’를 줬다.

“이것보다 싼 공연이긴 한데 내가 하나 찜해 놓은 게 있거든. 그거 언제 하는 건지 날짜 좀 알아 봐 줄래? 꼭 보고 싶은데 지금 일땜에 정신 없어서. 그때쯤 시간 낼 수 있을 것 같아.”

한 좌석당 10만원이 넘는 공연 티켓에 미안해하던 그녀에게, 타이밍도 절묘하게 떨어진 새로운 미션. 네, 고민거리 대신 해결해 줘서 고맙습니다. 이런 에피소드들이 쌓이자 차츰 그녀도 구름 위에서 내려와 현실을 돌아보기 시작했다.

 민첩하게 조준한 다음 쓰러트려라

이런 얄미운 상황을 엮어 내는 남자들이 의외로 많다. 일부 여자들은 이런 추임새에 한껏 들떠 있다가 뒤늦게 진실을 깨닫거나 아니면 모르는 척 평생 그 역할에 순응하며 살기도 한다. 그러다 결국 먼 훗날 그녀의 인생 서랍에 남는 건 그가 보여준 공연 티켓들뿐일지 모른다! 뭐든 그의 뜻에 따라 움직이며 허울 좋은 우아함만 남용한 결과다. 그때 가서 징징대 봤자 아무도 당신을 돕지 못할 것이다.

적절한 시기에 '처참한' 진실을 깨닫는 게 낫다. 최소한 그녀에겐 선택권이 주어졌으니까. 자신을 액세서리처럼 달고 다닌 그를 '밥맛 없어 하며' 떠날 것인가 아니면 한술 더 뜬 여우 전략으로 그를 길들일 것인가? 후자를 택하겠다면 방법은 생각보다 간단하다. 우선 자신의 게으른 태도부터 갈아치워라.

"마음대로" "좋아요" "글쎄 잘 모르겠는데."

이런 말은 그의 이기적인 태도를 심화시킬 뿐이다. 지금부턴 긴장해야 한다. 나른한 태도는 몽땅 버리고 허리를 똑바로 세워라. 그리고 그가 묻기 전에 이렇게 제안하라.

"오늘 이쪽으로 드라이브 해 보면 어때? 어디 영화 속

배경이라는데 가깝더라구."

"나, 오늘 아삭아삭한 얼음 띄운 매실차 마시고 싶다. 지난번에 갔던 성북동 거기 있지? 또 가 볼까?"

"기분도 꿀꿀한데 채널 좀 바꿔서 틀어 줄래요? 좀 신나는 걸루!"

구체적인 자신의 취향, 기분을 밝히며 즉각 이를 행동에 옮길 수 있도록 유도한다. 그도 특별한 상황이 아닌 이상 그 제안을 따를 것이다. 매너를 중시하는 남자들 중에는 상대를 위한답시고 결국 자기 위주로 선택해 버리는 타입이 종종 있다. 애초부터 안하무인인 타입도 있겠지만 대부분은 상대를 어떻게 배려해야 할지 구체적으로 잘 몰라 그렇게 행동한다.

여자가 늘 "당신 맘대로"라며 수동적으로 대처한다면 그 상황은 더욱 악화될 것이다. 따라서 그의 서운한 처사에 눈부터 흘기기보다는 나른했던 데이트 습관부터 바꿔 보라. 스스로 원하는 게 뭔지 잘 생각해 두고 발 빠른 관련 정보를 찾아본 다음, 이를 적재적소에서 부드럽게 상대에게 표현하기만 하면 된다.

 ## 겉 다르고 속 다른 남자

그는 언제나 최고의 연인이었다. 모두의 연인. 여자를 깊이 이해하고 배려할 줄 아는, 진정한 파트너. 그는 결혼 후에 빚어지는 여자들의 희생에 대해 늘 목 쉬어라 외쳤으며 회사 내에서는 여직원들을 지지하는 소모임도 꾸려가고 있다고 했다. 그뿐 아니다. 그는 아이도 무척 좋아했다!

"저는 요 또래 꼬마들만 보면 사족을 못 써요. 일주일에 한 번씩 보육원에 나가 활동하는데 알고 보면 순전히 내 욕심 때문에 하는 거라구요. 하하. 똘망똘망한 그 눈들이 어찌나 사랑스러운지. 나중에 결혼하고 여유 생기면 입양도 고려해 보려구요."

이런 말을 줄줄 늘어놓는 그는 또 간간히 자신의 사소한 '비리'를 털어놓음으로써 사람들을 안심시켰다. 그러니까 자기는 착한 남자임과 동시에 그렇다고 따분할 정도로 진지하지는 않다는 걸 은근히 강조했던 것이다.

순진한 그녀는 곧 그에게 매료되었다. 자신감을 갖게 된 그는 얼마 지나지 않아 그녀에게 프러

포즈했고 그녀는 꿈에 그리던 이상형을 만났다며 이를 받아들였다. 그런데 이게 웬일! 데이트가 시작되면서 동시에 그의 요구 사항은 늘어만 갔다. 주말마다 간다던 보육원도 바빠졌다는 핑계로 빠지기 시작하는 눈치였다.

"미정 씨 만나느라 다음날 일찍 보육원에 나가긴 부담스러워서요. 이해하죠?"

"저어, 그럼 같이 가요. 예전부터 그러고 싶었어요."

"단둘이 있는 게 싫은 거예요? 서운해요. 응."

"아니, 그런 게 아니라….'

한편 진정한 남녀 평등은 엉뚱한 데서 구현되었다.

"오늘은 미정 씨 월급날이니까 한 턱 쏠 거죠? 기대할게요!"

"요즘 여자들은 연봉 협상에도 꽤 전략적이라던데 사실인가요?" 순간 자기도 지나쳤다 싶었는지 "하하, 농담 농담. 요즘 사내에서 하도 여직원들 연봉문제가 이슈인지라… " 하고 얼버무렸다. 오늘도 그는 어김 없이 기발한 멘트로 그녀를 움츠러들게 했다.

"이번 여름엔 이런 아이템이 유행이라면서요? 미정 씨가 하면 멋질 텐데. 기대돼요!"

여성들의 진정한 고민과 문제에 관심 많다던 그는, 이제 전혀 다른 방면의 '여성 문제 전문가' 로 변신하고 있었다.

여우 남자의 진짜 모습을 알기 위해선 그가 '필요 이상으로 강조하는' 어떤 모습들에 주목할 필요가 있다. 지나치게 부드러운 매너를 보인다거나 어색할 만큼 어떤 토픽에만 집착하며 자신의 성향을 강조한다거나, 강박적으로 어떤 일관된 모습만 보인다면 충분히 경계할 만하다. 여자를 지극히 배려하고 그녀들의 문제에 귀 기울이는 듯 브이는 남자는 사실 자신에게 가장 부족한 그 부분을 '의식한' 것일 수 있다. 그러니까 그는 뜨끔한 부분에 대해 일종의 무의식적 변명을 늘어 놓는 것이다.

같은 원리로 개그맨처럼 끊임 없는 조크로 상대의 간을 빼놓는 남자는 실은 집안 문제와 직장, 돈 문제 등으로 찌들려 있을지 모른다. 감당하기 힘든 삶의 괴로움을 잊기 위해 그렇게 반대편 모습으로 자신을 위존하는 사람은 실제 매우 우울하고 과묵할 것이다.

물론 그런 행동은 일종의 치유 요법이 될 수 있다. 자신에게 부족한 면을 채우려는 몸부림이니까. 한데 그 노력들이 지속적인 게 아니라 누군가에게 자신의 특정 이미지를 알리기 위한 '땜빵용'이라면 문제가 된다. 적어도 그 '누군가'는 피해를 입게 되기 때문이다. 따라서 그의 그런 시도들이 어느 정도 수위로 진행되는지 잘 살펴야 한다. 유별나게 자신의 자상한 면을 부각시키려는 남자(이를테면 모임에 꼭 멤버들 도시락을 챙겨온다든지, 어딜 가면 반드시 요리와 설거지 담당을 지극 정성으로 맡는다든지 하는 식. 실제론 집에서 손 하나 까딱하기 싫어 하는 게으름뱅이일 수도 있다), 재테크에 굉장히 도통한 것처럼 틈만 나면 어디선가 주워들은 최신 정보들을 읊어 대는 남자(통장엔 겨우 몇 만원밖에 들어 있지 않으면서 입만 살았다) 등을 만나면 일단 피하는 게 상책이다. 즉 어떤 면을 어색할 정도로 강조해서 연출하는 남자들은 결핍된 부분을 슬쩍 가리고 싶어 하는 것이다.

연애의 재구성 | 내겐 너무 어려웠던 유혹

그녀는 일 때문에 시내에 나갈 일이 생겼다. 즐거운 식사와 담소를 마치고 돌아오는 길에 마침 선배가 운영하는 안과 앞을 지나게 됐다. 사교적인 그는 각계 각층에 지인이 많아 늘 이야깃거리가 풍부했다. 마침 진료 시간도 끝나갈 무렵이고 해서 가볍게 연락을 취했다.

"지나던 길인데 맛있는 저녁 사 주세요!"

"오, 그래. 마침 직원들도 퇴근하고 나도 막 나가려던 참인데. 일단 올라와."

선배의 사무실은 빌딩 3층에 있었다. 문을 열고 들어서자 약 냄새가 코를 찔렀다. 아무도 없는 수술실은 휑해 보였다. 선배는 기분 좋은 얼굴로 몇 가지 짐을 챙긴 다음, 그녀와 함께 어둑해지는 밖으로 나왔다.

"뭐 먹을래? 오랜만에 와인 한잔?"

두 사람은 와인에 굴을 곁들여 먹으며 이런저런 이야기를 나눴다. 여행지에서 만난 기묘한 커플 이야기에서부터 최근 인터넷에서 발견한 멋진 사진 등에 이르기까지 대화의 스펙트럼은 다양했다. 분위기가 무르익을 무렵 그는 조금 뜸을 들이더니 이렇게 제안했다.

"사무실에 내가 그동안 새로 찍은 사진들도 있구. 전에 네가 보고 싶다던 작가의 사진집도 주문해 놓았거든? 그거 보면서 찬찬히 이야기할까? 오늘 기분도 좋은데 아예 와인 한 병 더 사들고 올라가서 편안하게 이야기하는 것도 좋겠다."

이에 그녀는 명랑하게 "넵!" 하고 대답했다. 그는 다시 사무실 문을 열고 폭신한 고객용 소파가 있는 개인 방으로 그녀를 데려갔다. 거기엔 인터넷을 할 수 있는 컴퓨터도 있고 사진집도 빼곡히 진열되어 있었다. 그의 자상한 설명을 들으며 시간 가는 줄 몰랐다. 그때 갑자기 그가 커뮤니티에서 보았다는 그녀의 글 이야기를 꺼냈다. 그 글은 예전 남자 친구와의 스킨십에 대해 솔직히 털어 놓은 글이었기 때문에, 아마 그에게도 흥미롭게 느껴진 모양이었다. 그러거나 말거나. 그녀는 그의 지나친 호기심에 별로 개의치 않았다. 한데 선배는 계속 그 이야기를 하고 싶어 했다.

"그런 대담함이 너한테 있었다니 놀랐지 뭐야? 나하고 이야기가 통할 것 같아서 반갑더라."

'오, 이런.'

분위기가 어색해졌다. 그녀는 곧 일어서며 말했다.

"이제 가 봐야 할 것 같아요. 더 마시면 취할 것 같아서요. 저녁 고마왔습니다."

그도 곧 허겁지겁 자리를 정리했다.

"그래, 나도 감기 기운이 올라오는 것 같아 피곤하네."

그는 사무실을 나오자마자 급히 택시를 잡아 타더니 코를 훌쩍이며 횡 하니 사라져 버렸다.

"둔하게 너무 내 식대로만 생각했었나 봐. 휴, 지금 생각하면 창피하고 아찔하지 뭐야."

아무튼 그녀는 어른들의 세계에서 합리적으로(?) 처신하지 못했다는 이유로 그 선배로부터 깨끗이 '제명' 되었다고 한다.

듣거나 말거나| 일단 그 자리를 벗어 나라

저마다 다양한 삶의 방식이 있는 법이니 그 선배를 마냥 매도하고 싶지는 않다. 서로 다른 의도로 만나 어색함이 빚어졌다면 둘 다 정중히 사과하고 자리를 뜨면 그만이다. 만약 어떤 남자의 제안이 당신에겐 모호하게 느껴진다면 처음부터 그 자리를 피하는 게 좋다. 필요 이상 그런 상태를 방치하면 그는 오히려 당신을 탓할 것이다. '이 정도 상황에서 따라왔을 땐 너도 암묵적으로 내 생각에 동의한 거 아냐'고 지레 짐작해 버리는 게 남자니까 조심, 또 조심하도록 하자. "조금 있으면 차가 끊겨서 곤란한데요" "날 밝을 때 맛난 커피 살게요. 오늘 잘 먹었습니다" 등등 우회적으로도 얼마든 자신의 의사를 표현할 수 있다. 그럼 그도 최소한 정상 매너를 가진 남자라면 기분 좋게 "오케이" 할 것이다.

즉 오해의 여지는 애초에 남기지 않는 게 좋다. 애매한 제안은 똑 부러지게 거절해라. 자신의 개방적인 스타일을 중시하고 또 이에 당당한 여우 남자들은 반대로 상대의 의사를 존중하는 데도 깍듯한 편이다. 따라서 '그를 무안하게 만들지 않으려는' 선량한 의도로 어정쩡한 태도를 보일 필요는 없다. 그런 때일수록 유머 감각을 잃지 말고 소신 있게 대처하라.

Q. 이거야말로 그의 진짜 모습?

단둘이 여행을 갔어요. 첫여행이었기 때문에 많이 설레었죠. 남해 쪽을 두루 돌아보자는 게 2박3일 계획의 전부였어요. 즉흥적인 걸 좋아하는 저와는 달리, 그는 매사 꼼꼼한 편이라서요. 이번에도 많이 준비해 왔더라구요. 추울 때 필요한 미니 담요뿐 아니라 여행을 위한 '테마 시디'까지 구워 올 정도였어요. 내가 지루해할까 봐 계속 재미있는 유머로 웃겨주던 남자 친구. 그야말로 완벽했죠. 아침이 되기 전까지는요!

우리는 전날 여기저기 쏘다니며 새벽까지 낭만적인 스케줄을 소화하느라 매우 고단한 상태였어요. 아침에 일어나자 그는 잠깐 산책하겠다며 나갔고, 나는 그 사이에 스프를 만들어 보기로 했죠. 콘도에서 묵었거든요. 요리에 서툰 나는 긴가 민가 하면서 어설픈 자세로 '작업'에 임했습니다. 나름대로 정성을 다해 물을 붓고 저었더니 뭔가 그럴 듯한 게 완성됐어요! 저는 그에게 약간 으스대며 권했어요.

"호텔에서 먹는 스프 같지 않아? 어때?"

그는 곧 시식해 보았습니다.

"어때? 좋아?"

"좀 짜다."

"엉? 다시 해 줄까? 남은 거 없는데."

"아냐, 그냥 먹지 뭐. 음식 짜게 먹으면 안 좋대. 스프를 이렇게 먹어보긴 난생 처음이야. 웅얼웅얼."

먹으면서도 계속 투덜투덜, 쫑알쫑알. 어제까지의 완벽 남은 사라지고 오늘은 초보 요리사 기 죽이는 얄미운 남자가 버티고 있었어요. 그걸 보자 나중에 그와 결혼해서 살면 만만찮은 일이겠다 싶은 거 있죠! 이런 말 하면 혼자 김칫국부터 마신다 하겠지만 나름대로 심각하다구요. 매너는 연애 기간에나 유효한 거고 이런 모습이 그의 진짜일 수 있다는 생각도 들어요. 이런 남자랑 사귀는 건 좀 피곤하지 않을까요? 사귀려면 어떻게 대처해야 할까요? 가급적 긍정적인 쪽으로 조언해 주세요.

A. 이에는 이, 눈에는 눈!

뭐 고민할 것도 없군요. 같은 방법으로 되받아치면 됩니다.

"어머, 자기 혀가 잠에서 덜 깼나? 내가 이렇게 열심히 만든 건데 맛없을 리가. 내가 대신 깨워 줄까?"

콧소리까지 쓸 수 있다면 더더욱 좋아요. 괜히 미안해하면서 다시 요리한다고 야단법석하지 마세요. 재치 있게 그 순간을 넘기면서 은근히 그를 '귀여운 최면'에 빠뜨려 보세요.

"맛있지? 맛있지? 맛있지? 어때? 응? 응? 응?"

결국 그는 당신 앞에 무릎 꿇고 말 거예요. 조금이라도 유머 감각이 있는 남자라면요. 아니면 어이 없어서라도 "오우, 내가 졌어"라고 백기 흔들어 줄지도요. 하하. 미묘한 뉘앙스의 차이가 생각보다 많은 것을 바꿀 수 있습니다.

'정성껏 만든 건데 고작 그런 반응밖엔 못 보여줘?'

그렇게 삐쳐 봤자 결코 아무것도 해결하지 못할 걸요? 남자 친구가 좀 까탈스럽다고 일일이 진지하게 반응하다 보면 당신은 결국 그에게 끌려다닐 수밖에 없습니다. 기다렸다는 듯 맞받아치지 말고 즐거운 상상력을 발휘해 상황을 역전시켜 보세요.

노심초사형

한없이 쿨하고 강할 것 같은 그는 실은 쉽게 자기 감정을 내뱉지 못한다. 지나칠 만큼 남의 이목을 의식해 상대를 괴롭히기도 하고 '콧구멍 평수' 만한 마음을 숨기느라 괜한 허세를 부리기도 한다. 겉으로 보이는 게 전부는 아닌 것이다.

연애의 재구성 | 남자 친구의 괴상한 승부욕

"남자들은 안목도 없는데다 모험을 죽도록 싫어 하는 족속이야. 그저 남들도 무난하게 좋아할 만한 그런 여자나 고를 뿐이지."

스타일리쉬하고 아름다운 데다 일도 잘 하는 그녀는 어딜 가나 주목 받는다. 하지만 어쩐 일인지 연애만큼은 의욕을 잃은 듯했다. 무난함을 찾는 남자들과의 관계는 시시하고 피곤할 뿐이라는 게 그 이유였다. 언뜻 청순하고 여성적으로 보이는 그녀에게 접근하는 남자들은 많았지만, 막상 그녀의 넘치는 끼와 에너지를 알고 나면 다들 난색을 표하며 멀어져 갔다. 문구 디자이너인 그녀에게 이상적인 연애란 그저 '365일 행복하고 특별한 장식용 카드' 일 뿐이었던 것.

그녀의 부정적인 관점엔 예전 남자 친구의 괴상한 습성도 한몫

했다. 그는 다른 사람들의 평가에 민감해서 꼭 모두에게 좋은 말만 듣고 싶어 했다. 그가 수집한 '칭찬 리스트' 에는 경제력, 스타일, 위트, 자동차, 스포츠뿐 아니라 당당히 여자 친구 부문도 포함되어 있었다! 그녀는 사귄 후 얼마 되지 않아 열심히 그의 친구들 자리에 불려 나갔다. 그리고 기회가 있을 때마다 이런저런 '조직성' 을 시험받았다.

그럴 때 그는 자기 애인이 어떻게 그들과 어울리는지, 과연 매력 있다는 평가를 받을 것인지 어떤지 등등을 예측하며 심술궂게(스릴을 느꼈는지도 모른다) 관망했다. 그 방법이 하도 교묘해서, 그녀는 이에 대해 제대로 항의할 수조차 없었다. 증거도 없이 말했다간 괜히 자기만 치졸해지기 쉬웠으니 말이다. 그는 모임 후 '자랑스럽게 서바이벌' 한 그녀를 보며 매우 흡족해했다. 반면 썰렁한 분위기라도 연출되면 "센스 없는 놈들!" 하고 툴툴거렸지만 실은 그녀에 대한 실망감을 우회적으로 표현한 것뿐이었다.

그녀는 이런 그가 처음엔 자길 너무 사랑해서 그러는 걸로 생각했다. 워낙 자부심 강한 남자니 자기 기준에 맞는 상대를 찾으려는 것도 당연하다 싶었다. 하지만 게임은 점점 레벨이 올라갔고 해를 거듭해도 괴상한 취미는 도통 사그러들 기미를 보이지 않았다. 계속 새로운 도전! 스트레스! 마침내 그녀는 이게 연애인지 복식 경기인지 분간할 수 없을 지경이 됐다.

"소신 있게 내 모든 것을 사랑해 줄 수는 없나? 그런 생각이 들었지. 그는 겉으로 보면 매우 쿨한데 실은 두려움이 많은 사람이야. 모험 없이 무난한 사랑, 무난한 인생만 찾아. 이젠 그런 거 넌덜머리나. 난 죽어도 그렇게 안 살 거야."

정신 차린 그녀는 '부적절한 인연'에게 미련 없이 손을 흔들어 주고 떠났다. "언뜻 진취적이며 개방적인 것 같아 뵈는 남자들도 대부분 관계가 깊어지면 엇비슷해지더라"며 한숨을 내쉬었다.

듣거나 말거나 | 그의 허영심을 방관 말라

허영심 많은 그는 당신이 많은 사람들에게서 좋은 점수를 받길 원한다. 자신감 넘치는 여자라면 별 의심 없이 '그럴 만한 남자니까 그 정도는 맞춰 줘야지. 어려울 것 없잖아?' 하고 웃어넘길 수도 있다. 그러니 생각보다 문제는 심각하다. 그런 타입의 남자는 사사건건 사람들의 평가에 자신의 삶을 맞추려 할 것이기 때문이다. 번듯하고 행복해 보이는 커플로 세상에 영원히 기억되기 위해!

그는 안목 높고 재능 있으며 자기 주장도 확고한 것처럼 보일지 모르지만, 실은 자신의 이기심과 소심함 때문에 결국 당신까지 피곤하게 만들 것이다. 그런 그를 정 잃기 싫다면 반대로 그도 똑같은 테스트를 거치게 하라. 당신의 친구, 가족, 동료들 사이에 덩그러니 놓아 두고 그가 어떻게 대응하나 지켜보라. 만약 그가 자신의 '소심한 욕심' 만큼 당신을 사랑한다면 그런 자리에서도 불평 없이 최선을 다할 것이다. 아무쪼록 행운을 빈다.

너무 의식하는 그 남자

상대는 그녀 보다 네 살 어렸다. 처음엔 동갑이라며 말을 트더니 사귀기 시작하고도 한참 후에야 사실을 고백했다.

"너한테 누나라는 말은 죽어도 하기 싫더라."

당시 그는 복학생이었고 그녀는 직장인이었다. 그는 데이트 비용을 마련하기 위해 비디오숍 알바부터 새벽 신문 배달까지 다양한 일을 했다. 그녀는 상황에 따라 그날 그날 여유 있는 사람이 돈을 내면 되지 않느냐고 제안했지만 그는 완고했다.

“내가 어리다고 봐 줄 거 없잖아.”

이미 그런 ‘사소한 일’ 따윈 까맣게 잊고 지내던 그녀로선 어리 둥절할 따름이었다! 그후로도 비슷한 일들이 종종 벌어졌다. 그때마다 그가 하는 말은 다음과 같았다.

“내가 어린 게 그렇게 창피해?”

“내 나이가 그렇게 거슬려?”

“그 문제땜에 네가 힘들지 않았으면 좋겠어.”

그녀는 내게 투덜댔다.

“내참, 매번 아니라고 설득하기도 왕 피곤해! 강한 척, 대담한 척 하면서 소심한 우물이나 파고 있구. 너무 깊어서 왠만한 건 퍼 올리기도 힘들겠더라.”

그러던 어느날 그가 선물을 하나 준비했다. 새로 나온 향수였 는데 살짝 뿌려 보니 약간 무거운 타입이었다. 썩 마음에 들지는 않았지만 그녀는 팔랑팔랑 감탄해 주었다.

“와우, 자기! 센스 있기는.”

그런데 남자 친구는 코를 갖다 대더니 곧 얼굴을 찌푸렸다.

“테스트할 땐 이런 향이 아니었는데? 다른 향이랑 뒤섞여서 내 가 착각했나 봐.”

“아냐, 시간이 지날수록 더 좋아지는 그런 향이야. 자긴 어떻게

PASSION

이런 것만 잘도 고르니? 천재야 천재!"

명랑하게 웃는 그녀 앞에서도 그의 표정은 쉬이 펴지지 않았다.

"큰맘 먹고 선물하는 건데, 우쒸이. 담엔 좀더 컨디션 좋을 때 골라야겠다."

그의 얼굴은 벌써 달 표면처럼 일그러지고 있었다. 그래도 그녀는 포기하지 않았다.

"아냐, 아냐. 달콤한 향이 좀 무겁긴 하지만, 이런 것도 가끔 뿌려 주면 얼마나 기분 좋은데! 분위기 잡고 싶을 땐 이걸 뿌리고 다녀야겠다. 어쩌고 저쩌고."

그제야 서서히 안면 근육이 풀리기 시작하는 그 남자. 무려 30분 이상 땀 흘려 비위 맞춘 결과였다! 이후 상황은 나아질 기미를 안 보였다. 결국 한 달 후 이별을 통보했는데 그 남자의 말이 일품이었다.

"역시 내가 어리다고 생각하는 거지?"

"엇흥. 맘대로 생각하렴!"

그녀는 마침내 그렇게 쏘아붙였고 버림받은 그는 더 이상 매달려 볼 용기마저 잃고 힘없이 돌아섰다.

"우물물 퍼 주는 데도 한도가 있는 법이거든."

그것이 그녀의 깔끔한 마무리 멘트였다.

소심증의 괄목할 만한 특징은 남들은 아무렇지 않게 생각하는데 유독 자기만 어떤 부분에 대해 뜨끔해한다는 것이다. 외향적인 사람들도 조금씩 이런 면이 있다. 오죽 했으면 인터넷상에 떠도는 '소심 지수 체크 리스트' 가 검색어 베스트에 오르겠는가.

하지만 반복해서 똑같은 내용을 걱정하고 의심하고 또 확대해석한다면? 의심할 여지 없이 그는 환자라고 봐도 무방하다. 자, 그럼 이제 당신은 현명하고도 자상한 의사 노릇을? 노노노. 무료 진료는 당장 그만 둬라. 그리고 정상인과 연애를 시작하라.

연애의 재구성 | **결정적인 순간 꼬리 빼는 남자**

그녀는 20대 때부터 독립해 대학을 다녔고 30대 초반인 지금까지 혼자 살며 직장에 다니고 있다. 그야말로 모든 면에서 철저한 자립 정신에 입각해 명민하게 자기 삶을 가꿔 나가고 있다. 한데 단 한 가지 마음대로 안 되는 게 있었으니 바로 연애 문제였다. 누구보다 멋진 연애를 하리라 마음 먹었건만 이상하게도 그녀 곁에는 '놈팽이' 들만 꼬였다. 달콤한 말만 주워 섬기다 금방 싫증 내고 떠나 버리는 그런 류의 남자들 말이다.

"처음 남자들은 내게 슬금슬금 다가오면서 세상의 좋은 말은 다 해 줘. 도도해 뵈는 내 외모에 호기심을 갖고 조금은 두려워하기도 하면서 다가오는 거야. 난 돈, 직장, 외모 등 남자의 어떤 조건을 특별히 따지지는 않지만 그의 고백이 진심인지, 나를 잘 이해하고 있는지, 앞으로 가능성이 있는지, 또 믿을 만한 남자인지 등등에 대해선 까탈스럽게 살피는 편이거든(그런데 이게 다 말짱 헛작업이라는 거 아냐! 어흑). 그러니까 돈은 별로 없어도 항상 열심히 노력하고 뛰어나진 않아도 현재의 사소한 즐거움을 누릴 줄 아는 그런 사람이 필요한 거야. 별 거 아닌 일로도 행복하게 웃음을 나눌 수 있는 그런 남자. 따뜻하고 맑은 사람.”

어느새 그녀의 동공은 커졌고 볼엔 보조개가 귀엽게 패였다.

“한데 대부분의 남자들이 이상하게도 고백 후엔 행방이 묘연해져. 목표물을 적중시켰다는 사실에 흠뻑 취했다간 한달만에 꼬리 내리는 건가? 지금까지 대여섯 명의 남자들이 다 비슷한 ‘힌트’만 남긴 채 사라졌어. 웃기지 않니? 이미 마음을 연 나는 어쩌라고. 안 된다는 건 알지만 어쩔 수 없이 울며 불며 전화하곤 하는데, 그럼 그때서야 남자들은 느긋하게 대답해. ‘난 이제 네가 여자로 느껴지지 않아. 기대했던 이미지와 너무 달라서 부담스러워.’ 그러면서 오만 거드름을 피우지.”

“세상에!”

"그래, 그들 말대로 내 태도가 갑자기 바뀌어서 걔네들이 적응 못한 것일 수도 있어. 내가 보통땐 무지 도도하게 굴다가 일단 사귀기로 마음 먹으면 퍼 주는 스타일이거든. 남자한테 너무 빠지는 건 좋지 않지만, 조절이 안 되는 걸 어떻게 해! 그걸 받아 주는 남자가 없으니 상황은 더욱 난감해지고 있어. 만만하게 보고 악용하질 않나. 요 전 번에 사귀던 사람은 궁금해서 전화했더니 지금 친구들이랑 술 마시고 있다면서 그리로 오래. 아쉬운 건 나니까 오든 말든 알아서 하라는 듯이."

"헉스, 물론 무시했겠지?"

"창피하게도 노. 심지어 한밤중이었는데! 좀 황당하긴 했지만 그때는 그러려니 한 거야. 당장 택시를 잡아타고 달려갔어. 그런데도 그는 고마워할 줄을 모르는 거야. '어, 왔냐.' 이게 다야. 못된 자식. 돌아올 때도 혼자 택시 타고 왔잖아."

"이그, 너도 잘못했네. 말도 안 되는 거만한 부탁을 들어 주다니!"

"알면서도 안 되니까 나도 괴롭지. 최근에 정말 어렵게 마음을 연 그 친구도 비슷한 증세를 보이는 것 같아서 겁나. 얘는 이전 남자들과는 확실히 달라. 순수하고 착해. 오래 알아 온 사이라 그런 믿음은 있어. 적어도 날 골탕 먹이거나 그런 이유로 잠적한 건 아닌 것 같구. 그래서 더 걱정스러워."

그녀는 시름에 잠긴 표정이었다.

"고백 후 며칠 뒤에 걔가 그러더라구. 늘 원하던 거였는데 막상 그렇게 되니까 어색하고 혼란스럽대. 좀더 시간을 두고 생각해 보고 싶다나? 그 후론 내 문자도 씹고 메일도 거부하고 두문불출이야."

"우웅."

"내가 그애에게 전혀 부담되는 존재가 아니란 걸 보여주고 싶은데 걔는 그럴 기회조차 안 주네. 너한테 기대하는 거 없다고, 그냥 즐겁게 서로 믿음을 갖고 지내면 된다고 말해 주고 싶은데."

"고생이 많구나. 여러모로."

말을 마친 그녀는 그가 마음을 다잡고 연락해 올 때까지 씩씩하게 기다리겠다고 했다. 짝 짝짝. 그녀는 무책임하고 소심한 남자들과 굴비처럼 엮이고도 여전히 자기 느낌에 솔직하고 용감한 여자였다. 이렇게 멋

진 연인을 두고 그는 왜 엉뚱한 데서 헤매고 있는 걸까? 대화를 나누기보단 잽싸게 모습을 감춰 버리는데 급급한 요즘 남자들이 못내 안타까웠다.

듣거나 말거나 | 응석도 정도껏 받아 줄 것

마음 약한 남자들이 늘어난 건 사실이지만 당신이 받아 줄 응석도 정도껏! 부푼 모성애로 마냥 토닥이다간 인원 초과로 옴짝달싹 못하는 엘리베이터 꼴이 될 것이다. 특히 힘들다는 핑계로 며칠만에 잠적해 버리는 그런 남자라면 상태가 심히 나쁜 것으로 판단된다. 대체 그 무슨 해괴한 핑계람? 그런 남자는 다른 중요한 결정에서도 매한가지로 우유부단할 것이다. 즉 그가 앞으로도 '내뺄 일'은 수없이 많다는 뜻이다. 그걸 옆에서 다 보필하려구? 오, 노.

연애의 재구성 | 태풍보다 무서운 그의 히스테리

예전엔 남자들의 사랑 고백도, 이별 통보도 나름대로 운치가 있었다. 백 번 주저하고 망설이다 터뜨리는 인상적인 '헤드라인'도 꽤 있었다. 한데 요즘 그들의 말은 너무나 가벼워서 세 줄짜리 해외 토픽만큼의 대접도 못 받을 정도다. 다음 에피소드를 참조해 보라.

　그녀는 기묘하게도 백수 애인들만 줄줄이 자신의 '연애의 전당' 리스트에 쌓아올렸다. 그렇게 한 분야로만 꾸준히 경력을 쌓은 덕분에 골치 아픈 남자들에 관한한 할 말도 빼곡했다.

　"영화 연출 지망생, 무명의 연극 배우, 사진작가 어시스트, 프리랜서 작가 등 남다른 꿈과 재능은 있지만 기회를 잡지 못한 남자들과 주로 연애를 했어요. 유유상종이라고, 내 관심사가 그쪽이니 자연히 그들과 엮인 거죠. 확실히 그들과의 연애는 색달랐어요. 감수성이 뛰어 나고 분위기 연출력도 좋은 남자들이었으니까."

　"오."

　"언뜻 보기엔 그럴싸 했죠. 근사한 꿈을 안고 있는 매력남, 자유롭고 삐딱한 기운을 발산하는 남자. 여자들이 혹하기 쉬운 타입이죠. 가난해도 오히려 그게 그의 천재성처럼 느껴지고 대체 올지 안 올지 알 수 없는 그의 장밋빛 미래를 화려한 현재로 착각하게도 되고 말이죠."

　"하하하."

　"그런데 그들에겐 하늘을 찌르는 자부심과 땅 밑으로 기어드는 자괴감이 늘 동전의 양면처럼 붙어다녔어요. 평소땐 근사하다가도 문득 문득, 여자가 생리할 때처럼 예민해지는 거예요. 달래는 것도 하루이틀이죠. 그런 남자들은 자존심이 하늘을 치솟는 반면 인내심은 바닥을 기어서 애인한텐 이별 선언을 밥 먹듯하죠."

"아하."

"보통 이런 식이에요. '너한테 부담 주기 싫어, 딴 남자 만나'. 꽤나 애인을 배려하는 말 같죠? 내 입장에선 그저 '우으, 또 시작이군' 싶을 뿐이에요. 모든 게 귀찮고 짜증나고 이젠 별 거 아닌 일에도 휘청거리는 그들은 이래저래 이별 선언을 스트레스 해소용으로 남발했어요. 그러다 지긋지긋해진 내가 진짜로 떠나버리면 일주일도 안 돼서 다시 전화를 해 오죠. '돌아와. 미안해. 너 아니면 아무도 없잖아.' 그럴 거면 애초에 왜 그런 말을 뱉었나 싶지만 생각해 보니 누근가 자기를 달래 주길 원했던 것 같기도 해요. 그렇게 해서라도 '아냐, 넌 잘 할 수 있어. 넌 내게 최고의 애인이야'라는 말을 듣고 싶었는지도요."

"난감했겠다."

"그야말로 '밑 빠진 독에 물 붓기'가 따로 없었죠. 내가 자기들 보모도 아니고(불끈)!"

"어쩌다 그런 남자들만 사귀었던 거야?"

"아웅, 그게 그러니까… 처음엔 다들 달라 보였다구요. 어쨌든 저도 이젠 정신 차렸어요."

적어도 지금 내 앞의 그녀는 평온해 보였다. '화려한 남자들의 부실한 이면'을 누구보다 잘 알게 된 그녀, 부디 그 지혜가 자신에게도 유용하게 쓰이길 바란다.

듣거나 말거나 | 그의 '좌절 신호'에 주목하라

실업난이 장기화되고 경기가 불안해지면서 고개 숙인 남자들로부터 이별 통보를 받는 여자들도 늘고 있다. 놀랍게도 경제력도 능력도 이해심도 빵빵한 그녀들이 아니라 변변한 것 없는 그들이 먼저 튕기고 있는 것이다!

그럴 수밖에 없는 그의 마음을 헤아리지 못하는 것도 아니다. 누구든 자의반 타의반 스트레스와 피로에 떠밀려 직장을 그만 두고 시급 3천원짜리 알바에 몇 년을 바쳐가며 한숨 쉬어 본 경험이 있다. 자기 한 몸 건사 못하는 마당에 사랑하는 사람을 언제까지 묶어 둘 수는 없겠다는 그의 자책감, 당연하다. 하지만 "힘드니까 헤어져"란 말을 마치 '입사 3개월차 신입 사원이 품고 다니는 사표'처럼 남발하는 남자라면 당신의 인생에 전혀 도움이 되지 않을 것이다.

반면 비장하지만 확고한 태도로 신뢰감을 주는 남자도 있다.

"잠깐 헤어져 있자. 대신 내가 이 상황을 해소하기 위해 이렇게 저렇게 구체적으로 노력해 볼게. 그때까지 기다려 줄래? 염치 없지. 미안해."

이때 그의 묵직한 '좌절 신호'에 주목하라. 그는 비록 힘들어하고 있지만 건강한 문제 의식을 가지고 상대에 대해서도 충분히 배려하고 있다. 특히 자신의 현재를 해로운 바이러스 마냥 부정적으로 접수하지 않는다는 점이 중요하다. 지금이야말로 깃털 억만 개로도 따라잡지 못할 그의 '무거운' 한마디를 믿어 줄 때다.

연애의 재구성 | 기묘한 3개월 징크스

"너희들 혹시 '3개월 징크스'라는 거 아니? 난 꽤 심각했다구."

"뭐야, 그런 게 있어?"

얼마 전 결혼한 그 친구는 IT업계에서 마케팅 업무를 맡고 있다. 사내 커플로 유명했던 그 부부에게도 사연이 있었나 보다.

"응, 누구랑 사귀고 나서 3개월쯤 되면 꼭 그쪽에서 먼저 헤어지자고 해. 아무도 그 이유를 내게 말해 주지 않구. 나도 자존심이라면 일가견 있으니 굳이 묻지 않았어. 그런데 몇 번 똑같은 일이 반복되니 차츰 궁금해지더라고. 차인 건 둘째치고라도 이건 타이밍이 너무 절묘하잖아! 지금 그녀도 아니나다를까, 똑같은 대사를 읊는 거였어. 3개월이 지난 어느날 밤에."

"신기하네."

　"생긴 것과 달리 내가 좀 무뚝뚝하고 말이 없잖아. 그걸 무관심으로 오해했던 것 같아. 지금도 보면 여직원들이 날 편안하게 생각하거든. 첫인상이 굉장히 서글서글하대. 여자들 마음도 잘 헤아려 줄 것 같고. 그런데 실제론 전혀 그렇지 못하니까. 시골 촌놈답게 자존심만 강하고 말야. 이러니 여자 친구도 당황하는 거야. 대체 내 진심을 알 수 없다는 거지. 혼자 서운해하고 무안해하다 결국 이별을 선언한 것 같아."

　그는 어깨를 으쓱 하더니 말을 이었다.

　"지금 생각하면 그녀들이 그렇게 나온 게 꼭 헤어지자는 의미는 아니었을 수도 있는데, 그때마다 난 융통성 없이 돌아서 버렸어. 그때만 해도 강한 척 하는 게 최선이라고 생각했거든. 뒤돌아선 눈물 흘릴지언정."

　"우하."

　"그런데 이번엔 좀 다른 거야. 되풀이했던 실수들에 대한 다짐도 있었을 뿐 아니라 그땐 이상하게 대범해지더라고. 그래서 인연이란 게 따로 있다는 건가 봐."

　"오."

　"그녀 혼자 떠들게 해놓고 난 감히(!) 딴 생각을 한 거야. 상대가 무려 세 시간이나 그동안 서운했던 점을 털어 놓는 동안, 난 어떻게 하면 이 상황을 아무렇지 않게 넘길 수 있을까에만 골몰했거든. 결국 그녀가 대충 분위기를 누그러뜨렸는가 싶자 내가 입을 열었어. '밥 먹으러 가자.' 그녀는 벙 찐 표정이었어. '오빠, 어떻게 그럴 수 있어요? 이 상황에서?' 그러면서도 이끄는대로 따라가더라고. 그리곤 또 몇 시간 일장연설! 하하하. 그렇게 해서 그녀랑은 탈 없이 연애할 스 있었어."

　"일명 허 찌르기 전술!"

　"하하, 응. 사실 그때까지도 그녀들의 '헤어져요' 라는 말에 담긴 반어적인 속뜻을 알아챈 건 아니었어. 그저 운 좋게 내 식대로 해 버린 거였는데 다행히 통했던 거지. 그때야 깨달았어. 아, 강한 척 해 봐야 소용 없구나. 때론 위험을 무릅쓰고 솔직해질 필요도 있겠다! 그녀랑 잘된 걸 보면 그때 난생 처음으로 내가 '쪽 팔릴' 생각을 했다는 게 기특할 따름이야. 사랑이란 게 중요하긴 한가 봐. 내 자존심부터 챙겨야겠다는 이기적인 생각 따위, 그 순간엔 전혀 안 들더라니까!"

　소심함을 등 뒤로 감추고 멀쩡한 척 하던 남자 한 명이 이렇게 해서 사랑에 빠진 부드러운 연인으로 탈바꿈했다.

그가 당신에게 홀딱 반했는데 그 표현 방법을 몰라 헤매고 있는 건지, 실은 충분히 빠져 있지 않기 때문에 의도적으로 거리를 두는 건지? 언뜻 비슷해 뵈는 두 갈래 길의 '미묘하지만 분명한' 차이를 당신은 구별해 낼 수 있을 것이다. 안달하지 말고 차분히 그의 마음을 들여다보라. 연애의 한 과정으로서 여유 있게 즐겨라. 곧 해답을 얻게 된다.

Q. 이성 문제를 상담해 오는 그 남자의 진심?

그는 예전 제 친구의 남자 친구였습니다. 친구와 헤어진지 몇 년이 지난 지금도 그랑은 친하게 지내고 있어요. 사실 전 그를 처음 봤을 때부터 조금 마음이 있었습니다. 뭐 어찌해 보자는 건 아니고 그냥 곁에서 그의 모습을 지켜보는 게 좋아요. 가끔 술도 함께 마시고 수다도 떨지만 정식 데이트라 할 만한 건 없습니다. 과하게 취하면 더러 키스를 해 오기도 하지만 다음 날이면 그런 것쯤 쿨하게 웃어 넘기는 사이예요.

그런데 얼마 전부터는 새로운 국면을 맞기 시작했어요. 그가 연애 문제를 의논해 오기 시작했거든요! 싱글이었던 그의 생활에 변화가 생긴 거죠. 조금이나마 미련이 있던 저로서는 난감한 상황입니다. 하지만 그가 날마다 힘든 연애담을 이야기하며 괴로움을 말하면 저도 모르게 그의 편이 되어 열을 올리게 되지요. 이런 일도 어느새 익숙해진 것 같구요.

문제는 그가 이런 속마음을 내게 털어놓을수록 이상하게 더 남자로 보인다는 겁니다. 그가 한 남자로서 다른 여자에 대한 사랑과 고민을 토로하고 있으니까요. 정말 괴로운 일이 아닐 수 없어요. 그런데도 그의 새로운 모습이 너무 매력적이어서 그만 모든 걸 감당하게 됩니다. 겉으로는 쿨한 척 다른 남자들과 데이트도 해 가면서 말이에요. 그럼 그도 내가 그들과 오래 관계를 지속하지 못하는 이유를 진지하게 조언해 주곤 하죠. 정말 웃기는 상황이에요!

이런 만남이 잘못된 걸까요? 그도 저를 좋아하면서 일부러 떠보려고 이러는 건 아닌가 싶기도 하고…. 그녀 이야기를 할 때 그는 "너라면 어떻게 행동하겠니?" "넌 그런 남자를 어떻게 생각해?" 하는 식의 질문도 하거든요. 그러니 자꾸 헷갈릴 수밖에 없죠.

그가 지금 그녀를 사랑하는 건 사실이지만 그걸 인정하면서도 그 감정이 우리 관계만큼 특별할 거라곤 생각되지 않아요. 그의 앞에서 연기를 하는 것이 점점 힘들어집니다. 그의 마음은 어떤지도 궁금하구요. 어떻게 해야 할까요?

A. 친밀함을 넘겨짚지 말아요

안타깝게도 당신의 첫 짐작이 맞습니다. 이성 문제를 시시콜콜 의논하는 사람이라면 당신을 연인 후보로는 거의 고려하지 않는다고 보면 됩니다. 물론 간혹 당신에게 성적인 매력을 느낄 수는 있겠죠. 키스를 하거나 친밀한 행동을 보일 순 있겠지만 그건 어디까지나 잠깐 취했을 때의 이야기!

그도 그래선 안 된다는 것을 잘 알고 있지만 주어진 기회를 본능적으로 놓치지 않는 것뿐이에요. 교묘하죠? 그는 당신에게 분명한 액션을 취하지 않으면서 이래저래 부려먹기만 하는군요!

일찌감치 미련을 버리세요. 밀착된 관계를 특별한 교감이라 착각하지 말구요. 가망 없는 만남을 정리하려면 그와 자잘한 희로애락을 나누는 관계가 되려는 야무진 시도부터 당장 중단해야 합니다. 그건 애초에 불가능한 일이었으니까요.

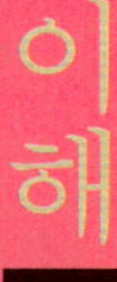

이해

UNDERSTAND

영양가 있는 신호를 발산하라

　　요즘 남자들은 절대 수줍어서가 아니라 그저 '손해 볼까 봐' 깍쟁이처럼 몸을 사린다. 요모조모 재 보느라 쉽게 고백을 못하는 것, 아니 안 하는 것이다. 그럼 그들은 대체 언제쯤 고백할 마음을 먹을까? 이른바 고백 타이밍이란 건 있을 테니까. 의문을 풀기 위해 몇 명의 남자들을 인터뷰했다.

　　"다짜고짜 고백부터 하는 건 부담스러워서 피하고 있어요. 몇 번 그렇게 해 봤는데 백이면 백, 여자들은 다 내가 자기한테 '미쳐' 있는 줄 알더라고요. 꿰엑. 그냥 '한번 사귀어 볼까' 하는 제안일 뿐인데! 그런 오해를 푸는 게 번거로워서 요즘은 안 해요. 서로 얼굴을 익히면서 교감한 다음 자연스럽게 다가가는 게 좋아요. 그쪽에서도 대충 나에 대해 알고 내 감정을 어느 정도 받아들였다 싶을 때 고백하는 거죠. 오래 걸릴 땐 몇 달 이상 가기도 하지만 뭐, 상관 없어요."

"조금은 애고 있고 친근감 있는 여자가 좋아요. 다가가서 좀 더 그녀에 대해 알아볼 수도 있고, 또 제 감정이 어떻게 반응하는지 차근차근 살펴볼 여유도 있구요. 그렇다고 너무 안전한 타입은 별로구요. 친근하면서도 적당한 긴장감을 유발하는 상대라면 좋겠죠."

"세상에 여자는 많다! 이게 제 신조예요. 조금만 둘러봐도 멋진 여자들이 이렇게 많고, 또 저도 웬만큼 여자들한테 호감을 불러일으키는 스타일이니까요. 그렇다고 연애를 무조건 일회용으로 취급하진 않아요. 다만 '접근 불가' 라고 써붙인 듯 까다로워 보이는 여자들은 피한다는 겁니다. 다른 여자들도 많은데 굳이 그런 스타일에게 매달려 머리 아플 필요는 없잖아요. 물론 남자들에겐 일종의 사냥 기질이란 게 있어서, 적당히 어려워 보이는 상대에게 매력을 느끼곤 합니다. 하지만 그것도 어느 정도껏이어야죠. 도가 지나치면 남자들은 오히려 쉽게 포기해 버립니다. 소모적인 도전은

하고 싶지 않은 거예요."

"여러 여자들과 친구처럼 친하게 지내다가 어느 순간 마음이 통했다 싶은 상대에게 고백을 해요. 그러다 거절 당하기라도 하면? 다시 친구로 지내자며 쿨한 척 하죠. 속으론 내던져진 자존심 때문에 잠시 부글거리겠지만요. 시간이 해결해 줄 거예요."

겉으론 확신에 차 보이는 남자들마저 오랜 시간 망설이고 두려워하고 쭈뼛거리는 시점이 있다고! 한데 이게 용기가 없어서라기보단 위와 같은 이유로 단지 몸을 사리는 거라니. 요즘 남자들은 일종의 '안전 장치' 없인 좀체 엉덩이를 안 움직인다는, 그리 반갑지 않은 소식이다. 따라서 여자들은 예전처럼 낭만적인 고백만 기다리다간 죽도 밥도 안 되기 십상인 거다. 그럼 어떻게 해야 할까?

정답은 위에 다 있다. 뻣뻣하게만 굴지 말고 슬쩍 그에게 '여지'를 남기는 친근함을 보여라. 아무한테나 만만한 것도 곤란하지만 반대로 위엄이 지나쳐서 부담스러운 타입으로 군림하는 것 역시 영양가 없기는 매한가지다. 친근한 신호를 날려 둔 여자들이 별로 예쁘지 않은데도 불구하고 곁에 남자들을 많이 거느리는 이유를 곰곰 생각해 보자.

남자들은 자기를 사려 깊고 편안하게 대하면서도 막상 결정적으로 다가가기언 쉽지 않다는 생각을 들게 만드는 타입에 끌린다고 한다. 즉 처음에 그녀는 남자들이 긍정적인 작업 성과를 점칠 수 있게 슬쩍 분위기를 띄워 놓는다. 그리곤 이후 본격적으로 팅겨 주면서 묘하게 승부욕을 자극한다(어렵다 어려워).

　‘여우 여자’ 들은 이렇게 남자들이 기꺼이 자신과의 게임에 응하게 만드는 데 도가 텄다. 그러니 ‘곰 여자’ 는 괜히 대책도 없이 도도하게 굴어 봤자 애꿎은 그녀들한테만 좋은 일 해 줄 뿐이라는 거다. 진짜 괜찮은 남자라면 그런 ‘역경’ 도 딛고 알아서 다가오지 않겠느냐고? 미련곰탱이 같지만 알고 보면 꽤 괜찮은 당신 마음을 갸륵하게 헤아려 주지 않겠느냐고? 아서라. 위에 늘어놓은 여우 남자들의 고백을 벌써 까먹었단 말인가! 요즘 좀 괜찮다는 남자들은 바로 그런 당신만큼 자존심 세고 팅길 줄 알며 쓸데 없는 에너지 낭비엔 흥미 없어한다는 점을 기억하라. 그렇다. 그들은 결코 무리하는 법이 없다!

주기보다는 받는 걸로 우위를 점하라

데이트 중인 커플이 함께 쇼핑을 한다. 뭔가가 필요한 건 아니고 그냥 쉬엄쉬엄 구경하는 것이다. 그렇게 시간을 보내고 각자 몇 개씩 마음에 드는 물건을 산다. 계산대 앞에 물건을 늘어 놓고 기다리는데 차례가 오자 앞에 서 있던 남자가 이렇게 말한다.

"제 것부터 계산해 주세요. 왼쪽에 있는 요것들이요."

이처럼 '내 꺼 네 꺼' 구분이 확실하고 각듯이 그 선을 지키는 사람은 타인에게 '필요 이상' 뭔가 해 주지 않는 것과 마찬가지로 타인이 자신에게 '필요 이상' 베푸는 것도 달가워 하지 않는다. 그건 연애에서도 어느 정도 통용될 수 있다. 당신이 만약 스스로를 수퍼우먼쯤으로 착각해 그를 일일히 챙기고 돌보고 사려 깊게 감싸면 그의 마음은 곧장 식어 버릴 것이다. 배은망덕한 놈이라고? 노노노. 객관적으로 누가 '오버 액션' 한 건지 숨 돌리고 차분히 따져 보길 바란다. 그는 한번도 그런 것을 해 달라고 요청한 일이 없다. 당신은 오직 자신이 하고 싶은 대로 그에게 퍼부어 준 것일뿐. 그렇지 않은가?

그를 사랑한다고 이끌리는 대로 '마구 보살펴선' 안 된다. 그가 당신에게 거구로 뭔가 베풀 수 있도록 유도하라. 지나치지만 않다면 그는 그 '의젓한' 역할을 기꺼이 떠맡을 것이다. 예를 들어 다음과 같은 사소한 부탁들을 해 보면 어떨까.

"종일 작업실에 처박혀 있다 보니 초콜릿이 너무 먹고 싶네. 오는 길에 맛난 거 하나 사다 줄 수 있어? 와오, 벌써 군침 도는 걸."

"뭘 사갈지 찜해 달라구? 그럼 그게 무슨 선물이야, 상품 주문이지. 난 자기한테 그런 허드렛일 시킬 생각 전혀 없는 걸. 탁월한 자기 기획력만 믿을래. 나한테 필요한 게 뭔지 누구보다 잘 알면서. 대체 왜 그렇게 겸손하신 거예요, 응?"

그의 안목과 능력을 팍팍 추켜세우면서 부드럽게 꼬드겨라. 깍듯하던 그도 조금씩 마음을 열고 최소한 당신 앞에서만큼은 말랑해질 것이다. 이게 대체 채찍인지, 칭찬인지 조금은 헷갈려하면서

말이다. 이런 식으로 그에게서 받는 선물 목록(포장된 어떤 것이든 그
득한 마음 그 자체든간에)을 늘려나가다 보면 모르는 사이 그는 당신
에 대해 특별한 책임감을 갖게 된다. 당신이 수백만 가지를 따로
챙기고 몇 시간씩 투자해 가며 보살펴 주어도 생기지 않던, 바로
그것 말이다!

그의 '유혹 내구력'을 체크하라

다음은 한 친구가 털어 놓은 기묘한 삼각 데이트 전모.

"그녀와 멋진 키스를 나누며 스킨십을 할 때였어. 행복감에 나른해져 있는데 갑자기 그녀가 어디론가 전화를 거는 거야. 그리곤 덜컥 내게 수화기를 건네는 거 있지."

"으응?"

"그녀가 눈을 찡긋 하더라구. 마지 못해 받으니까 수화기 너머로 정체 불명의 여자가 인사를 건넸어. 그녀의 비밀스런 친구래. 그러면서 지금 둘만의 시간이 어땠느냐고 묻는 거 있지? 황당하더라. 대충 예의를 갖춰 전화를 끊으려 했더니 여자 친구가 말리는

거야. 결국 얼굴도 모르는 여자와 30분이나 통화했어. 여자 친구
는 내 코 앞에 비스듬히 누워 있고."

"우웅."

인간의 본성은 과연 어디까지 탄력 있게 반응할까? 문득 독신
남녀들을 무수한 유혹에 빠뜨리던 외국 텔레비전의 리얼리티 프
로그램들이 생각났다. 매력 남녀들과 공개 데이트를 즐기던 출연
자들은 짜릿한 경험 이후 심각한 후유증에 시달리게 된다고 한다.
새로운 이성을 찾아 끝없이 헤매게 된다는 것. 그럴 만도 하다.
'유혹 감지 센서'의 뚜껑이 한번 화끈하게 열리고 나면 원상 복귀
는 영영 힘들어질 테니까.

하지만 잘만 활용하면 나쁘지 않을 것 같다. 때론 유혹도 당해
보고 기꺼이 연인을 시험에 들게도 해 보고, 그렇게 피차 내구력을

길러 보는 것도 괜찮다. 물론 텔레비전에서의 극단적이며 말초적인 테스트는 잊는 게 좋다. 대신 현실적이고 은근한 방법을 찾아본다. 말로 확인하면 되지 않느냐고? '나만 사랑해?' '다른 여자들이 제 아무리 유혹해도 영원히 내 곁에 있어 줄 거지?' '마음 식으면 직접 이야기해', 이런 식으로? (도리도리) 갈대처럼 살랑거리는 혀로는 그를 결코 붙잡아 둘 수 없다. 또 생각해 보라. 그가 딴 여자에게 홀딱 빠져서 유약한 바람둥이 컨셉의 휴 그랜트Hugh John Mungo Grant가 될지, 거꾸로 가정친화형 섹시남 조니 뎁John Christopher Depp III으로 변할지, 두 여자에게 모두 버림받고 그저 그런 처참한 몰골의 야수로 생을 마감할지 그 누가 알겠는가? 그 자신도 모를 일이다.

"걱정마. 당신만을 깊이 사랑하고 앞으로도 그럴 거야."

그렇게 당신을 다독이는 건 분명 그의 진심이겠지만 결국 그 순간의 허약한 순정일 뿐이다. 척추 없는 달콤한 말로 영원한 충성을 보장 받으려던 당신의 시도는 일단 접기로 하자. 그리고 다시 '유혹 내구력 테스트'에 집중해 볼까.

이쯤에서 이 용어에 관한 사전적 정의가 필요하겠다. 유혹에 내구력이 있다는 건, 강력한 유혹을 수없이 받아도 끄덕 없이 현재 파트너와의 진실한 사랑을 간직한다는 뜻이다. 별 볼 일 없이 그저 당신 곁에서 눌러붙는다는 말이 아니다!

세상이 선정적으로 그리고 자극적으로 변해 갈수록 평범 남녀들의 유혹 내구력은 자꾸 떨어진다. 보고 듣는 건 많은데 실제로 감당할 길은 없으니 몸보다 마음만 앞서간 탓이다. 흔들리지 않을 자신이 있다고 장담할 만한 사람은 어쩜, 이젠 지구상에 더 이상 존재하지 않는지 모른다. 그런 사람이 있다면 그는 다만 매력 없는 풋내기이거나 그런 상황이 두려워 피하는 소심쟁이, 둘 중 하나일 것이다.

그러니 되도록 그의 유혹 내구력을 엄밀히 평가해 볼 가치가 있다. 이를 위해 당신은 되도록 교묘해져야 한다. 멋진 여자들이 많은 쇼핑가, 해변, 사무실, 하다 못해 주차장에서 극장으로 올라가는 투명 엘리베이터 안에서도 그의 무의식을 포착할 수 있다. 남자 친구의 시선이 어디 머무는지, 어떻게 반응하는지 기타 등등 자세한 체크 항목은 혼자서도 충분히 작성 가능하다(넘쳐나는 아이디어로 한쪽 뇌가 기우뚱할지도!). 평소 충실한 연인의 모습을 연기하느라 바짝 긴장해 있던 파트너라도 순간 순간 말 대신 명쾌한 행동으로 진심을 노출할 것이다.

둘만의 시간만 고집하지 말고 그가 어떻게 다양한 지인들과 소통하는지 살펴보는 것도 좋다. 남자들 사이에서 괜한 객기를 선보이진 않는지, 여자들의 외모·성격 유형에 따라 그의 행동이 어떻게 달라지는지, 평소 보이지 않던 모습을 어떤 상황에서 돌출적으로 노출하는지 등. 무심한 시선과 코멘트 등에도 꼼꼼히 주의를 기울여 본다. 이때 그가 흘리는 단서들이야말로 다이내믹하고 신뢰할 만한 메시지를 담고 있다. 운만 좋다면 10년쯤 걸려야 파악할 만한 내용을 반나절 만에 접수할 수도 있다.

소모적인 상대와는 가급적 빨리 관계를 정리하는 게 이롭다. 해피 엔딩을 원한다면 먼저 '경이로운 테스트 결과'를 파트너에게 건네라. 그런 다음 이 모든 데이터에 근거한 당신의 사려 깊고 친절한 진단 결과를 제시하라. 이는 향후 그가 새로운 유혹에 맞닥뜨렸을 때 의젓하고 믿음직스럽게 대처할 수 있도록 그의 면역력을 키워 줄 것이다.

물론 이건 헷갈리는 연애 초반 그리고 느슨해진 권태기에 여우비처럼 반짝 시도하는 방법이다. 시도 때도 없이 남용했다간 피차 스토커나 스파이쯤으로 오해 받기 십상이다. 즉 유혹 내구력 테스트는 파트너를 '감시'하기 위해서가 아니라 서로의 정신 건강을 '체크' 해 준다는 명목으로 짬짬이 실시하면 좋다. 유혹이 아침 인사처럼 흔해진 요즘, 이것은 특히 요긴할 것이다.

기죽이는 애인을 해고하라

내가 아는 주변의 싱글녀들은 객관적으로나 주관적으로 매력 있고 열정적이다. 항상 활기 넘치고 건강한 자부심으로 빛이 난다. 한데 모두 연애에서만큼은 이상하게도 자신감이 없다. 연이은 실연의 원인이 왠지 모르게 자신에게 있을 거라고 자책하는 친구들도 생각보다 많다.

"처음 내게 호기심을 갖던 남자들도 날 알고 나면 지루해해. 그런 줄 몰랐는데 완전 곰이라나? 한데 밀고 당기는 건 연애 초반에나 써먹는 거 아니야? 난 그냥 자연스럽게 사랑하고 싶은데 남자들은 그런 건 또 싫어 하잖아.”

“다른 여자들을 돌아볼 때 그의 눈빛을 봐. 평소와 달리 빠릿빠릿해지지. 이제 나도 단물이 다 빠져 버린 걸까? 그의 이상적인 애인이 되기에 난 너무 무능한가 봐.”

어떻게 다들 이렇게 ‘끝내 주는’ (-_-) 생각들을 하게 된 걸까! 참을 수 없는 호기심으로 그 원인을 추적해 보니 곧 답이 나왔다. 자신감이 결핍된 그녀들 곁엔 반드시 ‘끝내 주는’ 남자들이 있었던 것. 에너지 넘치는 그녀들이 이성 문제에서만큼은 발랄한 꼬리를 후딱 감추고 마는 데는 다 이유가 있었다. 얄미운 그들은 마치 목을 조르듯 천천히 연인의 기를 죽여 놓고 있었다. 최면을 걸 듯 차근차근 그리고 집요하게.

“초반엔 그렇게 감탄만 하더니, 이제는 내가 어떤 이야기나 의견을 말해도 코웃음만 쳐. ‘넌 어째 그 정도밖에 안 되냐?’ ‘말도 안 돼’ ‘넌 네가 정말 그런 걸 할 수 있으리라 생각해? 자꾸 그런 말들만 듣다 보면 정말로 내게 잘못이 있는 것처럼 느껴져.”

그녀는 알아차려야 한다. 정말로 그가 당신을 사랑한다면 결코 이런 치졸한 반응은 보이지 않으리란 걸. 코웃음 대신 따뜻한 미소를 보여주리란 걸.

사랑한다고 ‘우기기만 할’ 뿐 틈만 나면 지루한 하품이나 쏘아

대는 그는, 당신까지 자기 수준으로 깎아 내림으로써 출구를 찾으려 한다. 한데 이 빤한 방식이 생각보다 많은 여자들에게 먹히고 있다는 게 더 놀랍다. 그것도 똑똑하고 멋진 여자들이 '애인이라는 간판만 내건 작자' 들에게 황당한 레퍼토리로 속아넘어 가고 있다니! 그녀들은 자기가 택한 남자가 설마 그 정도란 걸 차마 인정하기 어려운지 모른다. 그러나 아차, 하는 사이에 당신은 그의 무시무시한 저주를 따라 '자기 부정의 늪' 으로 빠져들고 만다.

사랑하는 사람에게 상처를 줌으로써 맛보는 '저질 쾌감' 에 중독된 한심한 남자로부터 당신은 한시 바삐 떠나라. 이런 인간에게 몇 초라도 더 인생을 허비하는 건 그야말로 미친 짓이다.

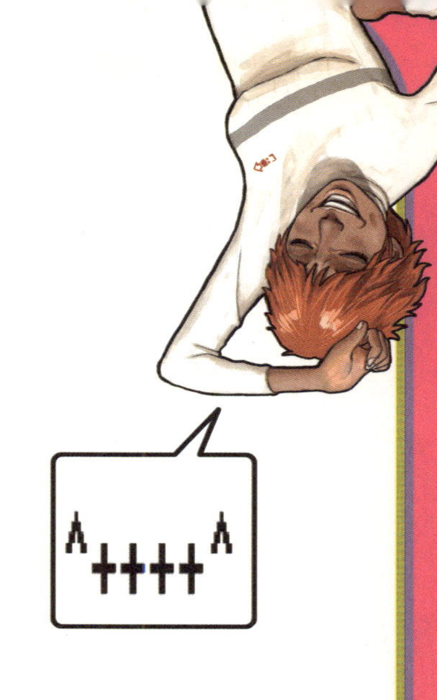

'잠자는 숲속의 여우'를 깨워라

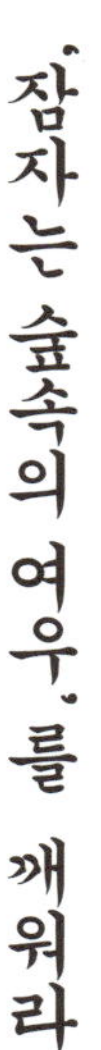

　'왜 그는 내 곁에서 달콤한 말을 속삭이면서도 종종 늘씬한 여자들을 탐욕스럽게 흘깃거리며 오만 가지 창조적인 변명거리로 제때 안부 전화를 못한 이유를 둘러 대는 것이며, "이번 주말엔 너무 바빠서 못 만날 것 같아"라고 선수를 치는 걸까? 또 "만나 봐야 맨날 똑같은 코스잖아. 이렇게 전화로 네 목소리 들으며 음악 틀어 놓고 있으니 이보다 더한 데이트가 없다야"라고 애써 위로하는 건 또 어떻게 받아들여야 하나? 쪼잔한 놈.'

　"나, 얼굴 까칠하지 않아? 며칠 야근했더니 피곤하네."

　그녀는 은근히 남자 친구에게 눈치를 주어 본다. 하지만 그는 무심히 눈으로만 그녀의 얼굴을 더듬더니 이내 고개를 돌려 버린다. 이런 이런. 뜨뜻미지근한 남자 친구 때문에 자존심 상하는 것도 하루이틀이지…. 그녀는 순간 눈물이 핑 도는 것을 느낀다.

누가 봐도 그는 이미 여자 친구에게 열정을 잃은지 오래다. 그럼에도 굳이 그녀 곁을 떠나지 않고 엉덩이를 부비적대고 있는 건 무슨 이유일까? 다시 뜨거운 사랑을 찾아나서기엔 귀찮고 능력도 딸리니, 아쉬우나마 무난한 연인 곁에 머물겠다는 심보인 걸까. 믿기 싫은 현실이지만 놀랍게도 이런 남자들은 당신 주변에 흔하다. 그는 비록 이별을 말하지 않았지만 이미 오래 묵은 김치처럼 쉬어 터진 표정을 짓고 있으며 이건 실연보다 더한 모멸감을 그녀들에게 안겨 준다. 여자들이 눈치 하난 얼마나 빠른가. 파트너의 무의식적인 징후까지 포착해 내는 유능한 탐정이지 않던가!

애써 좋은 쪽으로 생각해 보려던 그녀도 결국 그의 진심을 알아차릴 것이다. 그리곤 풋풋하고 사랑스럽던 연애의 끝이 이렇게 참담해져 버린 일에 대해 홀로 슬퍼할 것이다.

비록 자신의 열정은 그대로라 해도, 상대가 저 지경이면 과감히 마침표를 찍는 게 좋다. 그래도 어찌 어찌 버텨 보면 최소한 헤어질 염려는 없지 않겠느냐고? 아서라. 유통기한 지난 음식, 아깝다고 꾸역꾸역 먹어 봤자 배탈만 날 뿐이다.

　당신 곁에서 그야말로 대담무쌍하게 곯아떨어져 있는 그를 더이상 방치해선 곤란하다. 인정 사정 없이 흔들어 깨워라. 그리곤 얄미운 잠꾸러기에게 자초지종을 설명해 준 다음 엉덩이를 걷어차라. 그래도 이런저런 핑계를 대며 밍기적거리는 기색이면, 쓰레기봉투에 봉해 미련 없이 소각장에 내던져 버려라. 그렇게 과감한 조치를 취하지 않으면 그는 평생 당신 곁에서 '잠자는 숲속의 여우' 로 남을 것이다.

내숭의 꼬리를 잡아라

　내숭은 여자들만의 전유물은 아니다. 여우 남자들의 그것은 특히 주의를 요한다. 아래 멘트들을 보라. 과연 그의 것인지, 그녀의 것인지? 출처가 헷갈릴 정도다. 그게 뭐 그리 중요하랴만.

　"그(그녀)는 맨날 절 보고 '귀엽다' '섹시하다' 는 말을 버릇처럼 해요. 그런데 솔직히 좀 닭살이잖아요. 핀잔을 줬더니 한동안 잠잠해지더라구요. 막상 그러고 나니까 오히려 제 몸이 달아올라요. 이젠 그(그녀)의 닭살이 그리워 죽을 지경이에요!"

　"나한텐 참 나쁜 버릇이 있어요. 그(그녀)가 고심해서 골라온 선물들을 받고도 칭찬은커녕 코웃음부터 치는 거죠. '어떻게 이런 걸 골랐어? 담엔 미리 물어 보고 사! 알았지?' 진짜 마음에 안 들어서 그런 것도 아닌데 괜히 놀리느라 그래 보는 거예요. 그럼 그(그녀)는 풀 죽은 표정을 지어요. 난 끝까지 모른 척 하구요. 몇 번 그런 일이 있고 나니까 이젠 선물을 잘 안 하더라구요. 하더라도 꼭 나한테 먼저 묻구요. 그럼 전 쑥스러워서 그냥 이래 버리죠. '다 필요 없어, 네 마음만 줘' 물론 그냥 해 본 소리거든요! 그런데 그(그녀)가 정말 곧이 곧대로 해 버리면 살짝 화가 나요. 바보 같이 그 말을 믿는 사람이 어딨냐구요?"

"애인이 '나 어디가 좋아? 어디가 매력 있어?' 하고 질문할 때 가장 난감하죠. 그런 건 서로 안 물어 주는 게 예의 아닌가. 암튼 대답은 확실하게 해 주죠. 그(그녀)가 닮고 싶어하는 배우나 모델을 슬쩍 끌어다 대는 거예요. '네가 개보다 훨 멋져' '개 허리보다 더 아찔해' '너랑 피부가 비교도 안 되더라' 등등으로요. 그럼 그(그녀)의 입꼬리가 귓불에 걸려요. '에이, 나 듣기 좋으라고 그러는 거지?' '무슨 소리야, 내 애정을 그런 식으로 헐값에 넘기다니!' 백이면 백, 만족스러운 효과를 보실 겁니다. 흠. 약 광고도 아니고."

말 나온 김에 남자들에게 다시 물었다. 주로 어떤 때 내숭 떨어? 그러자 약간 몸을 비틀면서(?) 은밀한 내용을 공개했다.

관심 없는 척 한다 "관심 있는 상대에게 그러지 않은 척 해요. 일부러 눈길도 주지 않고 주변 사람들 하고만 이야기를 나누는 거예요. 그럼 그녀도 조금씩 '왜 내겐 관심을 안 보일까' 하고 안달하죠. 내가 살짝 관심만 보여도 기뻐할 뿐 아니라 아예 그쪽에서 먼저 말을 걸어오기도 해요. 그래도 반응이 없다면? 포기하는 게 낫죠."

"마음에 들어도 절대 그 감정을 표현하지 않아요. 철저히 일 이야기만 하죠. 심지어 그녀에겐 무심한 듯 대하기도 해요. '명함 좀 주시겠어요? 저번에 챙겨 둔다는 게 그만…' 하고 사과하기도 하구요. 그럼 그녀도 조금씩 오기가 발동해 나에 대해 관심을 갖는 것 같아요. '대체 저 인간이 얼마나 잘났길래 저렇게 나오나' 싶을 거예요. 따라서 이런 과정이 너무 길어지면 곤란하겠죠. 적당한 때 친근감을 표시해야 그녀도 제게 호감을 갖게 돼요."

힌트를 준다 "그냥 알고 지내던 사이에서 좀더 발전하는 관계로 가고 싶을 땐 살짝 힌트를 줘요. 직접 고백하기보단 이런 식으로 떠보는 편인데요. 이를테면 그녀에게 공연을 보여주면서 다음 데이트 약속을 잡는 거예요. '난 저것도 꼭 보고 싶던데 재미있을까' 어쩌고 하면서요. 상대방이 내게 조금이라도 관심이 있다면 뭔가 분명한 반응을 보이겠죠?"

부모님을 끌어들인다 "함께 거리를 걷다가 문득 생각났다는 듯 말해요. '여긴 아버지 사무실 부근인데 들러 볼까?' 물론 제가 일부러 동선을 그렇게 잡은 거죠. 그리곤 그녀의 반응을 지켜봅니다. 부모님께 누군가 소개한다는 건 꽤 특별한 일이잖아요. 그녀도 제 속뜻을 알아차리고 어떤 대답이든 해 줄 거예요. 함께 가겠다고 하면 성공한 거고, 난처해하면 그냥 가던 길이나 가야죠."

동행을 꼬드긴다 "마음에 드는 사람을 발견했을 땐 그녀의 동료나 친구들에게 먼저 접근해요. '우리 2차 갈래요? 여기서 가까운데 특이한 바가 있어요' 어떻게 결정하건 상관 없다는 표정으로 그렇게 쓰윽 물어요. 그러면 그녀는 사람들에게 묻어 함께 가겠다고 할 확률이 높아요. 직접 대쉬하면 십중팔구 거절 당하겠지만요."

모델 역할을 부탁한다 "저는 사진이 취미예요. 늘 카메라를 들고 다니며 이것저것 열심히 찍죠. 그러다 괜찮은 사람을 만나면 모델이 되어 달라고 부탁해요. '저기 한번 서 볼래요? 배경이랑 옷 컬러가 잘 어울리네요' 그러면서 분위기 있는 곳으로 이끄는 거예요. 몇 번 찍다 마음에 들면 다음 약속을 잡을 수도 있죠."

우연을 가장한다 "모임에서 그녀의 집 혹은 직장의 위치를 파악해 두었다가 일주일쯤 후에 전화해요. 근처에 일이 있어서 잠깐 들렀다는 핑계로요. 부근에 재미있는 전시회가 열리는데 아예 같이 가자고 제안하기도 하구요. 물론 그녀 외에 다른 두어 명의 친구들도 같이 불러 둬요. 그래야 오해가 없고 그녀도 부담스럽지 않을 테니까요. 이렇게 하면 그녀가 제게 관심이 없더라도 나름의 알리바이를 내세울 수 있어요.”

변덕스럽게 군다 “몇 번 적극적으로 호감을 표시한 다음, 그녀가 마음을 놓고 아는 척 하면 이번엔 언제 그랬냐는 듯 냉정하게 돌아서지요. 이건 좀 극단적인 거라서 성공 확률이 반반인데요. 느닷 없이 제 태도가 변하면 상대는 의아해하다가 점차 적극적으로 나오더라구요.”

인기 있는 척 한다 “연애 초반 그녀와의 데이트는 부담 없는 낮시간으로 해요. 집을 나올 땐 친구들에게 문자를 보내 놓구요. 그럼 그녀와 같이 있을 때 여기저기서 문자가 날아옵니다. 바쁜 척 통화할 수도 있어요. 저녁엔 누구랑 갑자기 약속이 잡혔다면서 적당히 아쉬울 때 헤어집니다. 여자들은 대개 바쁘고 친구들로 북적대는 남자에게 호감을 갖잖아요. 저 역시 남자가 부르면 언제든 한가하게 튀어 나오는 여자는 매력적이지 않아요. 서로를 위해 때론 선의의 거짓말도 필요한 것 같아요.”

뜸 들인다 “먼저 사귀자는 이야기는 하지 않고 행동으로만 보여줘요. 데이트 약속을 잡고 밤엔 전화를 걸어 다정하게 속삭이기도 하구요. 아침마다 엠에스엔으로 '출석 도장' 도 찍죠. 그렇게 하다 보면 여자 쪽에서 먼저 궁금해해요. '오빠, 우리 지금 사귀는 거예요?' 그럼 그 말에 대답하면서 자연스럽게 사귀게 되는 거죠."

긴장감을 유발한다 "그녀가 내게 소홀해졌다 싶으면 저도 그때부턴 아무 요구도 하지 않아요. 똑바로 쳐다보지 않고 짜증도 내지 않구요. 그럼 그녀가 오히려 서운해하면서 물어요. '내가 이렇게 하는 데 관심 없어?' '이런 거 화 안 나?' 그러면서 오히려 내 사랑이 식은 거 아니냐고 물어 봐요. 오래된 관계에서는 가끔 이렇게 긴장시킬 필요도 있어요."

"기억하고 있으면서 아닌 것처럼 되물어요. '어, 정말? 그때 우리가 그랬나?' 그럼 제꺽 반응이 날아오죠. '오빠, 너무 해. 내가 이런 거 못 먹는 거 아직도 몰랐어? 난 오빠에 관한 건 다 기억하는데' 그렇게 하면 그녀가 분발해서 더 신경을 써 주는 것 같아요."

시치미 뗀다 "여자 친구와 함께 있을 땐 늘씬한 여자들이 지나가도 못 본 척 해요. 그녀를 존중하는 마음도 있지만 무엇보다 괜한 잔소리를 듣기 싫으니까요. 그러다 남자들끼리 모이면 뻔뻔스럽게 돌변해 버리죠! 어느 카페에 갔는데 눈이 번쩍 뜨이는 여자애들이 있더라구요. 모델 지망생 같았는데 그날 '삘 받아서' 친구들이랑 하루 종일 죽치고 있었어요. 수업은 간단히 제꼈죠."

　　옆구리를 찌른다 "그녀가 날로 통통해지는 것 같으면 대놓고 잔소리하기보다 간접적으로 스트레스를 줘요. 텔레비전을 보면서 어떤 여자가 나오면 지나가듯 말하는 거예요. '야, 쟤 허리 끝내 준다. 요즘 애들 몸매가 장난 아니네. 물론 네 몸이 제일 날 흥분시키지만 말야!' 그럼 그녀는 내색도 못하고 뜨끔해하지요. 그리곤 다음날 당장 다이어트에 돌입합니다."

　　열렬히 맞장구친다 "여자들이 불만을 털어 놓을 땐 문제 해결보다는 그냥 그 감정을 받아 줄 사람이 필요한 거라서 속으론 아니다 싶은 이야기도 '맞아 맞아. 네가 잘 한 거야, 그러엄!' 하고 열심히 맞장구쳐 줍니다. 잘만 참아 줘도 점수는 따고 들어가요."

　　별 걸 다 기억한다 "사소한 이야길 잘 기억해 뒀다가 적재적소에서 써먹어요. 그러면 여자들은 쉽게 놀라고 감동해요. 아, 쟤는 저렇게 섬세한 남자구나, 나한테 신경을 써 주는구나, 하고 믿는 거예요. 그 횟수가 늘어날 수록 효과도 배가되는 것 같아요."

그가 헤어지면서 무심코 말한다.

"이따 전화할게요!"

그 순간부터 당신은 초침까지 신경을 곤두세우는 후크 선장이 된다. 똑.딱.똑.딱. 과연 그는 언제쯤 전화를 걸어 올 것인가? 약속대로 데이트 신청은 하겠지? 똑.딱.똑.딱. 당신의 심장은 슬슬 걱정으로 달아오른다.

그러나 그건 아쉽게도 의례적인 말에 불과하다.

즉 당신은 그의 "잘 가요" "오늘 즐거웠어요"

"곧 연락할게요" 따위의 즉흥적인 말들을 일일이 기억하고 스케줄에 입력시킬 필요가 없다는 뜻이다. "그래요? 뭐 그러시든지" 하고 한번 웃어 주면 그만이다. 남자들은 대개 그런 말을 습관적으로 달고 산다. 당시 기분으로는 순도 100%의 진심이었겠지만 돌아서면 곧 공수표가 되기도 쉬운 말들이다. 그건 마치 날짜를 박지 않은 달력처럼 용도도, 내용도 애매한 것이다.

여우 남자들은 이른바 '칸 이동'에 능한데 이쪽 칸에서 저쪽 칸으로 이동하는 순간 그는 과거에 했던 말은 '살짝' 잊는다. 그리곤 이 칸의 환경에 완전히 몰입한다.

함께 있을 땐 당신에게 그토록 사려 깊던 그도, 헤어지고 나면 당신 생각쯤은 당분간 깡그리 잊을 수 있다는 뜻이다. 칸을 이동하는 순간 그는 전혀 다른 복장을 하고 서 있을 것이다. 그에게는 각 공간에 어울리는 여러 개의 옷과 가면이 있는데, 단순히 그걸 기만적인 속임수라고 보기는 어렵다.

살다 보면 모두 하루에도 몇 번씩 옷을 갈아입으며 다양한 역할을 수행해야 하지 않는가. 연인, 직장 동료, 상사, 후배, 선배, 친구, 고객, 딸(아들), 동생, 언니(형), 아버지, 어머니 기타 등등. 그러니 각각의 역할에 효과적일 수 있도록 몸과 마음의 '채널'을 바꾸는 건 너무 당연한 일이다.

그런데도 당신은 한가하게 지난 여운이나 되씹으려 한다. 저쪽 칸에 대해 도무지 미련을 버리지 못하는 것이다. 당신의 풍부한 감성을 탓할 생각은 전혀 없다. 그러나 며칠째 하릴없이 한 가지 역할(그러니까 그의 충실한 연인 역)에만 골몰하는 건 결코 바람직하지 않다. 저 혼자 몸을 쏙 빼버린 남자 친구가 얄밉다고? 억울하면 당신도 어서 채널을 바꿔라.

새로운 칸에 적응하라. 자신의 삶을 누려라. 사랑에만 빠지면 그야말로 슈크림처럼 흐물흐물해지는 당신도 이젠 여우 남자의 재빠른 '칸 이동 기술'을 배워야 한다. 매순간 주어진 상황들에 최선을 다하면 오히려 연인 역할에도 탄력이 붙을 것이다.

어느 날 한 친구가 한숨을 내쉬며 고민을 털어 놓았다.

"괴롭다, 더 깊이 안 들어가. 엉엉."

"뭐야? 땅이라도 파는 중이었어?"

그는 구겨진 표정을 펴느라 안간힘을 쓰는 기색이었다.

"아니, 그녀 말야."

"또 지각 변동이 시작되었군. 이번엔 무슨 일인데?"

"아무래도 거리가 좁혀지질 않아. 늘 매끈하게 레이더망을 빠져나가는 느낌이랄까?"

"오홀, 슬슬 자존심 상하시겠군."

“딱히 꼬투리 잡을 만한 것도 없는데 느낌이 이상해.”

그는 상대방이 충분히 자신에게 집중하지 않는 것 같다며 고개를 갸우뚱하고 있었다.

“주의를 분산시키는 것 같아. 여러 명과 동시에 사귀면서 적당히 에너지를 ‘로우테이션’ 시키고 있달까. 내 직감이 맞을 거야.”

“어찌 그리 확신해?”

“뭐 언젠가 직접 써본 수법이기도 하니까.”

“커경.”

바람둥이처럼 보이는 어떤 사람들은 이처럼 상처 잘 받는 자신의 모습을 들키지 않으려고 감쪽 같이 감정을 나누어 싣는다. 편법이긴 하지만 이렇게 하면 스스로를 효과적으로 방어할 수 있다. 몇몇 여우 남자들도 이와 비슷한 수법을 쓴다. 그는 당신뿐 아니라 다른 여자들과도 그럴 듯한 데이트를 즐기고 있을지 모른다. 또 주변의 여자들을 찜해 두고 ‘비공식 작업’을 진행할 수도 있다.

물론 여우 남자는 바람둥이와는 다르다. 누군가에게 무례하게 굴거나 상처 주는 것은 죽도록 싫어 한다. 상대를 배려한다기보단 자신의 깔끔한 정신 건강을 위해 그러는 것이다. 어쨌든 그는 최소한 당신을 속이지는 않는다. 대신 모호한 태도로 유보적인 태도를 취할 것이다. 당신은 슬슬 약이 오를 것이다. 대체 언제까지 이럴 작정이람? 내가 뭐가 부족해서 그의 선택을 기다리고 있어야 하는 거야? 당연히 그런 생각도 들 것이다.

그럼에도 그를 포기할 수 없다면? 아니 그럴수록 더욱 그를 사로잡고 싶다면? 이럴 땐 무리해서 그를 당기기보다는 슬며시 밀어내라. 다른 이성 친구들과 만남을 지속하며 관심을 분산시켜라. 즉 그와 똑같은 수법을 차용하는 것이다. 이렇게 하면 스스로 매력지수를 높일 수 있을 뿐더러 극적인 초연함으로 오히려 그의 관심을 더욱 끌게 된다.

그의 행동 변화를 주시하면서 이렇듯 '혼자이면서 혼자가 아닌' 묘한 상황을 즐겨라. 생뚱맞은 처방 같지만 의외로 효과 만점이다. 아직까진 그와 정식으로 사귀는 것도 아니니 거리낄 것도 없다. 한 사람에게만 올인하는 여자는 이상하게도 금방 느슨해진 표가 나기 마련이다. 기분 전환을 위한 가벼운 메이크업처럼 건강한 멀티플레이는 어느 정도 필수적이다.

결국 강조하고 싶은 건 한 가지. 미묘한 시기에 괜히 그에게 매달려 "날 사랑하긴 하는 거야? 우리 애인 사이 맞아?" 하고 채근해 봐야, 쪼그라드는 건 당신뿐이라는 것. 적절히 밀어 내면 오히려 그를 끌어당길 수도 있다.

순간 포착의 귀재가 되라

남자들이라고 마음에 드는 여자에게 늘 스스럼 없이 다가가는 건 아니다. 자신감 있는 타입이라도 그렇다. 특히 여우 남자의 '착수 전단계' 는 더욱 꼼꼼하다. 덤벼볼 만하다는 확신을 가진 후에야 슬슬 움직인다. 바닥이 축축하지 않은지, 촉감은 부드러운지, 쉽게 마모되는 재질은 아닌지 등 그가 신중히 검토하는 항목들만도 엄청나다. 섬세함과 까탈스러움 사이를 널 뛰듯 오가는 그들이니 뭐 이상할 것도 없지만.

자, 이제 당신은 과연 어떻게 해야 푼수처럼 보이지 않으면서 우아하게 여우 남자를 향해 그럴 듯한 '신호' 를 발산할 수 있을까?

연애 잘 하는 여자들의 공통점은 바로 순간 포착에 능하다는 것이다. 곰 여자들이 빤히 알면서도 흘려보내는 것들을 그녀들은 용케 낚아챈다. 그야말로 한끗 차이로 여우 남자들을 제압하는 그녀들만의 쏠쏠한 노하우를 훔쳐 보자.

건강한 자뻑파가 되라 평범한 외모, 늘씬하지 않은 몸매 따위에 신경 쓰여 도저히 연애를 못 하겠다고? 자존심 때문에 괜찮은 그의 프러포즈까지 무시해 버리다니, 저런. 먼저 자신부터 뻔뻔스러운 '콩깍지' 를 뒤집어 써야 한다. "나 정도면 예쁘잖아? 매력 넘치잖아? 안 그래 그래 그래 그래 그래?" 이렇게 되면 절로 "그래" 라고 마무리 지을 수밖에 없겠지?

그런 다음 2단계. 단순한 마인드 콘트롤로 끝낼 게 아니라 다른 사람들에게도 똑같은 수법으로 어필하라. 웃는 얼굴엔 절대 침 못 뱉는 법이다. 최소한 '쟤는 예쁘진 않아도 나름대로 매력이 있구나. 자신감 넘쳐서 좋은 걸!' 하며 다시 쳐다보게 될 것이다. 집단 최면으로 그들을 교란시켜라.

감각 만점의 어시스트가 되라 남자도 인간이다. 항상 완벽한 멘트와 매너로 먼저 당신에게 다가오리라 기대하지 말라. 그가 살짝 수줍어 하며 접근을 시도할 때, 바로 이 순간을 포착하라. 적절한 애드리브를 구사하며 기꺼이 감각 만점의 '어시스트' 노릇을 자처하라.

"저기, 음, 언제 나랑, 그러니까…?"

"응, 어제 끝내 주는 영화를 소개받았는데 같이 갈래? 혼자 가긴 뭣 했는데 잘 됐네."

말문은 그가 열었지만 어수선해지기 전에 사태를 수습해야 하는 건 당신이다.

낚싯밥은 구체적으로 던져라 좋아하는 게 빤히 보이는데 계속 주변만 맴맴 도는 남자가 있다. 그는 당신에게 호감이 있긴 하지만 그걸 어떻게 표현해야 할지 잘 모른다. 방 정리 따윈 귀찮아하듯 자기 속마음도 정리 안 하고 사는 것 같기도 하고. 쯔즛. 그럴 땐 당신이 슬쩍 낚싯밥을 던져 준다.

"수요일이랑 목요일은 수업이 없거든. 알바는 주말에만 있구. 뭐라도 시작해야 할까 싶은데, 좋은 아이디어 있니? 즐기면서 할 수 있는 운동이나 스터디 같은 거 말야. 네가 그런 거엔 빠삭하잖아."

만약 그가 당신에게 관심이 있었다면 '이게 웬 떡' 이냐 싶을 것이다.

두 가지 얼굴을 병행하라 당신은 그에게 자신이 기분 좋은 대화 친구임과 동시에 매력적인 이성이라는 인상을 풍겨야 한다. 그러려면 지나치게 많은 틈을 보여도, 또 너무 인색한 모습을 보여도 곤란하다. 그가 적당히 긴장했다가 이완할 수 있도록 두 가지 얼굴을 번갈아가며 선보여라.

치어걸로 변신하라 그의 말과 행동에 떠들썩하게 몰입해 준다. 인상적이고 떠들썩한 추임새(감탄사)를 넣어 주면 효과 만점이다. 흡사 밝고 활기찬 표정의 치어걸처럼! 우쭐해진 그는 당신을 매우 사랑스럽다 여길 것이다. 누구든 자신에게 호감을 갖는 상대에게 끌리는 법이니까. 그는 당신의 결코 잊을 수 없는 제스처를 기억해 내곤 슬며시 미소 지을 것이다.

마무리는 그에게 넘겨라 대화를 로맨틱하게 이끄는 건 그의 몫만은 아니다. 테니스 공을 주고 받듯 그와의 대화에서도 콩당콩당 호흡을 살려 보라. 은근슬쩍 리드하다가 마무리 단계에서 그가 주도권을 쥘 수 있도록 배려하라. 그의 멋진 제안(실은 당신이 재치 있게 유도한 분위기에 이끌려 나온 아이디어)에 당신은 그저 우아하게 대답해 주면 된다.

웃음으로 무마하라 그가 다가올 때마다 화들짝 놀라 뒷걸음치고 만다고? 아니면 속마음과 달리 톡톡 쏘아 버린다고? 무안해진 그는 다시는 도전할 엄두도 못 낼 것이다. 피곤한 생각도 들고.

'골치 아픈 여자야. 딱딱하고 매너 없긴.'

상대도 그 순간 당신에 대해 냉철하게 점수를 매긴다는 점을 기

억하라. 그가 자신의 감정을 표현할 때 재치 있게 그 순간을 받아
넘겨라. 그가 좋긴 하지만 아직 키스까지는 이르다 싶을 땐 긴장한
듯 다가오는 그의 입술에 안주용 오징어를 뜨겁게 대면시킨다든
가 "얘, 너 오늘 입술이 좀 부어 보인다. 벌에 쏘였니?" 라는 둥 난
해한 유머로 분위기를 산만하게 만드는 것도 좋은 방법!

스캔들엔 뻔뻔하게 대처하라

어떤 남자들은 가급적 많은 이성으로부터 관심을 끌고 싶어하며, 설사 연인이 생기더라도 이런 상황이 중단되는 걸 원치 않는다. 적당한 긴장감은 언제든 필요하다는 게 그들의 변. 따라서 감당할 만한 스캔들은 그들에겐 오히려 활력소다. 그들은 흥미로운 스캔들을 위해 심지어 자발적으로 아이템을 흘리기도 한다!

따라서 이런 남자와 사귀게 되면 당신도 본의 아니게 크고 작은 스캔들에 휩싸일 것이다. 그리하여 흡사 힐러리Hillary Diane Rodham처럼 전혀 기죽지 않으면서도 깔끔하게 떠도는 소문들을 처리해야만 한다.

자, 귀찮은 스캔들을 어떻게 하면 일망타진할 수 있을까? 미리미리 익혀 둬서 나쁠 것 없다.

무조건 잡아떼라 남자가 항간에 퍼진 소문에 대해 아무리 추궁해도 무조건 잡아떼라. 99%의 심증과 물증을 갖고 있어도 그는 오직 그 말을 믿을 것이다. 하지만 당신이 "맞아, 실은…" 하고 불기 시작하면 그걸로 모든 것은 끝이다. 그는 재빨리 떠날 준비를 할 것이고 더 이상 아무도 당신 말을 믿으려 들지 않을 것이다. 이렇게 되길 원치 않는다면 무조건 잡아떼라.

침묵으로 일관하라 별로 대꾸할 가치가 없는 소문에는 침묵으로 일관하는 것이 더 효과적이다. 스포츠 신문들에 대처하는 연예인처럼 의연하고 도도한 표정으로 묵비권을 행사하라. 그리곤 "억울하지도 않아? 한마디 좀 해 봐" 라고 부추기는 주변 사람들에게 다음과 같이 대답하라.

"어차피 유언비어 아니니? 가만히 있으면 수그러들 거야."

'기자 회견'을 자청하라 그래도 스캔들이 좀처럼 사라지지 않는다면? 관련 스캔들의 '진원지'로 추정되는 유력 인사들을 비롯, 주목할 만한 '세균 번식지'의 떠벌이들을 대거 불러모아라. 그런 다음 남자 친구와 그들이 지켜보는 앞에서 확실히 교통 정리하라.

“요즘 이런 저런 소문이 떠도는 모양인데 난 걔랑 오랜 친구 이상 아무 관계도 아니거든? 계속 이런 소문이 돌면 끝까지 추적해서 명예 훼손으로 고소할 테니 그리 알아. 뒤에서 떠벌이지 말고 대놓고 말하라구. 그렇지 않으면 버릇을 고쳐 주겠어.”

이쯤 되면 남자 친구도 공개적으로 자존심을 회복한 거니까 좀 누그러질 것이다.

하던 대로 하라 이런 때일수록 움츠러들면 안 된다. 평소처럼 왕성한 활동을 보여라. 사람들 앞에 남자 친구와 뻔질나게 나서면서 보란 듯이 스캔들을 비웃어라. 흔들리던 사람들도 “어엇, 아니었나 보네” “원상 복귀했나보군” 하고 수근대면서 점차 흥분을 가라앉힐 것이다.

이 참에 정리하라 그래도 ‘아니 땐 굴뚝에 연기 나랴’라고 이죽거리며 여전히 당신 주변을 맴돌고 있을 파파라치들을 고려, 소문의 상대와는 말끔히 관계를 정리하라. 그리곤 아무 일도 없었다는 듯 억울한 표정을 지어 보여라. 별 상관 없는 상대라면 쿨한 친구로 관계를 재정립하고 인맥을 불려라.

‘잠정 은퇴’를 선언하라 그동안 사교 생활에 너무 몰입했던 건 아닌지 반성하며 ‘잠정 은퇴’를 선언하라. 말도 안 되는 스캔들이 지긋지긋해 잠깐 떠나 있겠다는 강력한 제스처.

"이번에 사람들에게 너무 실망했어. 당분간 일에만 전념하겠어!"

이 또한 일부 연예인들이 자주 쓰는 수법이다. 이로써 당신은 소기의 목적을 거둘 수 있다.

스캔들을 인정하라 내용이 구구절절 맞다고? 그동안 체면, 우유부단, 망설임, 두려움 등으로 대응을 미뤄 온 것이 제대로 터져 주었다고? 그렇다면 이 참에 스캔들을 공식 인정하고 새로운 커플탄생을 선언하라. 위기가 기회로 바뀌는 순간이랄까. 솔직히 잘못을 인정하면 용기 있고 신선하다는 이미지까지 덤으로 챙길 수 있다.

끝까지 침착하라 흥미로운 건 사실이지만 그래도 역시, 스캔들이란 놀이기구나 군것질보다는 성가신 파리나 모기 쪽에 가깝다. 수군대는 이야기에 일일히 신경 쓰며 사는 건 피곤한 일. 적당히 무시하며 웃어 넘겨라. 그리곤 결정적인 스캔들만 조심스럽게 다뤄 주며 '난 절대 무고함'을 공인받도록 하라. 알다시피 스캔들은 태생부터가 정치적이다. 따라서 대응도 정치적으로 해야 한다. 절대 감정적으로 반응하지 말고 침착하게 맞받아쳐라.

'미완성 보석들'에 주목하라

우리는 남자를 고를 때 '완성품' 혹은 '명품'만을 찾는 경향이 있다. '이미' 재능 있고 '이미' 세련되고 '이미' 지위 있고 기타 등등. 이렇게 잘 나가는 완성품, 즉 세련된 여우 남자들은 자신도 그 사실을 알고 있어서 자존심을 세고 이것저것 가린다.

더욱 운이 나쁜 경우도 있다. 그럴 듯한 명품만 쫓다 보면 심지어 이를 가장한 '짝퉁'과의 대결도 피할 수 없게 된다. 가진 것 없고 이기적이며 바람기까지 있는 남자인데 왠지 그 뻔뻔함과 오만함이 진짜 매력으로 느껴지기도 한다. 그러다 분위기에 휩쓸려 덥석, 짝퉁 애인으로 자원봉사하는 일도 허다하다.

한데 진짜 여우들은 완성품보다는 바탕에 강한 '투자형 상품'을 찍는다. '지금은' 없어도 '지금은' 시시해도 '지금은' 어설퍼도 기타 등등. 상상력과 애정을 발휘해 이런 미래형을 잘도 골라낸다. 한마디로 자신의 안목을 믿고 배팅한다. 지금은 불안정해도 기꺼이 내 힘과 노력을 투자해 멋진 완성품으로 만들 수 있는 사람, 또 함께 무언가를 만들어 낼 만한 사람.

나중에 보면 다른 사람들이 '이야, 저 남자가 그때 볼품 없던 그 남자?' 하고 눈 비비게 되는 일도 종종 벌어진다. 뭔가 미지근해 뵈던 타입 중에도 의외로 괜찮은 사람을 만날 수 있다. 당신이 그를 명품으로 만들기 위해 조금만 수고를 더한다면! 물론 '조금만'이란 단서가 붙는다. 너무 많은 걸 투자해야 할 만큼 상태가 심각해도 곤란하다.

뭣하러 귀찮은 일을 자청하느냐고? 심드렁하게 크웃음치는 당신을 위해 한마디 던지겠다. 입장 바꿔 생각해 보라. 자기야말로 정말 괜찮은 여자임에도 불구하고 멋진 남자들과 그럴싸한 연애를 즐겨본 적은 없지 않은가. 이상한 '쫌팽이'들에게나 넙죽 걸리질 않나.

남자들 쪽도 사정은 마찬가지다. 내실 있는 후보임에도 자신을 간드러지게 어필하기엔 너무 쑥스러워 '차라리 이대로 독야청청

버텨 주리라' 작정해 버린 부류들도 있을 것이다. 뭐 답답한 남자들을 싸고 돌자는 건 아니고. 아무튼 그런 남자들이 어느 세월에 용기백배해서 당신에게 먼저 다가가겠는가?

따라서 당신의 첫번째 임무는 먼저 그런 류의 남자들을 찾아내는 것이다. 이를테면 문학(너무 심각하지만 않으면 문제 없다. 감성 풍부하고 부드러운 카푸치노형 남자를 만날 수도 있다. 그러나 타 분야에 비해 승패 여부가 극단적으로 갈린다!), 카메라(촬영 자체의 즐거움보다는 기계 업그레이드로 인한 질적 향상에 흥분하는 공돌이 타입의 남자들이 우글거린다. 경쟁률 극심한 외향적인 멤버들, 틈틈이 내성적이고 진지한 타입의 미완성 보석들이 박혀 있기도 하다), 스포츠(설명 안 해도 대충 짐작할 테고!), IT(이것도 직접 유추해 보라) 방면의 인터넷 동호회 등등을 찾아봐도 좋다.

중요한 건 먼저 캐릭터를 구체적으로 설정한 다음, 그런 사람들이 있을 만한 곳을 찾아봐야 한다는 것이다. 무작정 두리번거리지 말고 자신이 좋아하는 분야 중에서 범위를 좁혀 가라. 미지의 누군가를 찾아가는 과정은 그 자체로도 즐거워야 하니까 말이다. 당신은 이제 스타 발굴 업무에 주력하는 유능한 매니저처럼 흥거운 사명 의식을 가져도 좋다.

작업에 임하다 보면 의외로 당신 주변에 좋은 남자들이 많이 숨어 있음을 알게 될 것이다. 보물은 언제나 가까이 있는 법. 단숨에 뿌듯한 성취감을 느낄 수 있는 '웰메이드' 상품 대신 함께 느긋이 '웰빙' 할 수 있는 파트너를 골라라. 까탈스러운 남자들에 휘둘려 괜한 에너지 낭비하느니 '바탕에 강한' 남자를 알아보는 감각을 키워 두는 게 훨씬 이롭다.

요즘 남자들은 화려하고 달콤한 패션 화보, 또 시시콜콜 생활 지침으로 가득한 잡지나 연애서 근처에 얼씬거리는 것쯤 이젠 어색해하지도 않는다. 예쁜 인형, 화려한 옷, 깜찍한 액세서리 등 노골적으로 선호하기도 한다. 분위기가 그렇다 보니 근엄해 보이는 B군, 자존심 강한 D군도 어느새 남몰래 잡지나 연애서 등을 탐독하기 시작하는 눈치다.

하긴 생각해 보면 별로 이상한 일도 아니다. 남

자들이라고 연애 노하우를 태어날 때부터 암기하고 나올 리는 없을 테니 말이다. 사회적 편견과 관습들로부터 한결 유연해진 여우 남자는 여자들이 열심히 '교과서' 삼던 잡지나 연애서 과감히 넘보고 있다.

'아항, 여자들은 이런 걸 좋아하는군' '남자들에 대해 이런 환상이 있군!' '이런 유언비어들이 여자들에게 유포되는군'

그야말로 깨소금맛 나는 고급 정보가 아닐 수 없다. 요리, 메이크업, 패션, 피부 관리, 쇼핑, 영화, 사진, 쇼핑 등 실로 무수한 분야에 마니아적 취미를 지닌 X군도 한때 『브리짓 존스의 일기』를 손에 들고 다니곤 했다. 몸집도 큰 남자애가 그걸 끼고 다니는 모습은 그야말로 특종감이었다. 여자들이 이런 흥미로운 장면을 지나칠 리 없다.

"어머, 남자도 이런 걸 읽어요?"

"그럼요. 연애하는 데 얼마나 도움이 되는데요? 너무 재미있게 읽었어요."

그런가 하면 요즘은 남성잡지들도 잘 팔리고 있다. 심지어 몇 개는 여성지의 인기를 여유 있게 따돌리기까지! 서점에 나가면 '안타깝게도 벌써 매진'이라는 소식이 종종 들려올 정도다. 여자들도 남성지의 열렬한 독자가 되어 가는 추세다. 아마 남녀 모두의 관심사가 풍부하게 있는 데다 요즘 남자들의 새로운 변화를 엿볼 수 있다는 장점까지 더해져서 그런 것 같다. 대담하되 천박하지 않은 각종 러브&섹스 컬럼은 여자들이 읽기에도 재미있다. 이처럼 예전엔 여자들만의 영역이라 여겨지던 유행&문화&트렌드 관련 시장이 남녀 공용 모드로 급속히 전환되고 있다.

상황이 이러 하니 당신이라고 우아하게 팔짱만 끼고 있을 수는 없을 것이다. "에이, 내가 이런 것까지 읽으며 남자 구하기에 혈안이 되어야 해?" 하고 툴툴거릴 동안, 남자는 당신 보다 월등히 '진도 나간' 상태로 싹싹하게 거리를 활보할 것이니 말이다. 곰 여자와 여우 남자, 이 두 부류 사이엔 벌써 주목할 만한 힘의 불균형이 초래되었다는 점을 기억해야만 한다.

여우 남자가 이런 정보를 습득하는데 열을 올리는 건 상대를 통제하고 휘어잡기 위해서가 아니다. 어디까지나 당신과 제대로 소통하기 위해서다. 그런 변화에 알레르기 반응을 보이는 당신의 태도야말로 낡은 것이다. 몸매 유지를 위해 매일 빠짐없이 헬스 클럽이나 수영장을 들락거리듯, 연애서를 뒤적이며 때론 파트너의 업그레이드된 취향에 관심을 가져둔들 나쁠 건 없지 않을까.

결정적인 그 말을 조심하라

그 남자의 이야기가 아직도 잊혀지지 않는다.

"최근 사랑하던 여자와 헤어졌어요. 한데 그녀가 남긴 말이 아직까지도 머릿속에서 떠나질 않아요."

"뭔데요?"

"넌 카리스마가 없어."

"그 한마디?"

“네.”

“저런!”

그 뒤로 그는 마치 주술에 걸린 듯 매사 자신감을 잃게 되었다고 한다. 그 말 한마디는 마치 원자 폭탄의 위력과도 같았던 것.

‘넌 카리스마가 없어, 넌 카리스마가 없어, 넌 카리스마가 없어, 넌 카리스마가 없어, 넌 카리스마가 없어….’

몇 년 동안 그 말이 그림자처럼 따라오더라고 했다. 얼마 전엔 한 친구도 내게 비슷한 증세를 호소해 왔다.

“너, 그거 알아? 나 꽤 심각한 콤플렉스 있는 거.”

“네가?”

“5년 동안 사귀던 애인이 헤어지면서 남긴 말이 있는데 그것 때문이야.”

“뭔데?”

“넌 너무 진지해.”

“딱 그 한마디?”

“응, 그리곤 ‘다음엔 절대로 지루하지 않은 남자 친구를 사귈 거야’ 라고 덧붙이더라?”

“저런!”

너무 진지한 남자, 그래서 연인에게 부담을 주는 그런 상대라…. 그녀가 꽤나 '진지하게' 내뱉은 "넌 너무 진지해"란 그 말 한마디의 후유증은 놀랍게도 몇 년 동안이나 계속 되었다고 한다. 지금은 다행히 미소를 지을 만큼의 여유를 되찾았지만.

아무리 모든 걸 털어 놓고 사랑했던 사이였었어도 최소한의 매너는 지켜 주어야 하지 않을까. 잘 나가다 꼭 끝에 가서 복수하듯 덜컥, 한방 먹이는 건 또 뭐냐고? 무심코 휘두른 칼에 상대는 생각보다 꽤 오래 피 흘릴 수 있다.

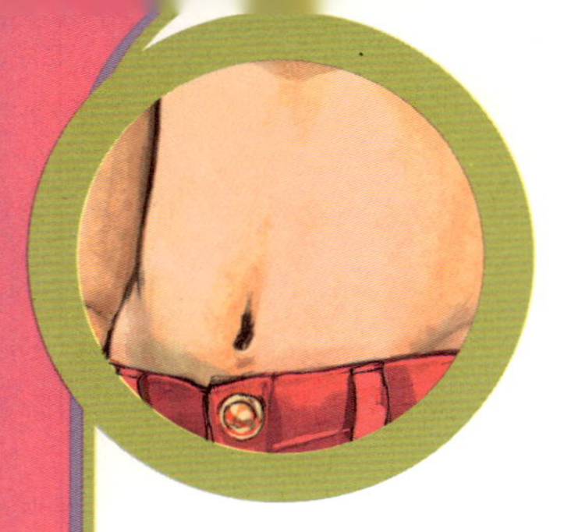

변태보다는 추태를 경계하라

후배 한 명이 어느 날 수줍은 고백을 했다.

"난 키스할 때 이상하게 여자 입술을 살짝 깨무는 게 참 좋더라. 그리고 또…."

"또 뭐?"

"너무 궁금해. 아앙. 빨리 말해 줘."

그 자리에서 듣고 있던 사람들이 일제히 눈을 동그랗게 뜨며 다음 말을 재촉했다.

"음, 난 그녀의 앙증맞은 발이 너무 좋아!" (정말 좋아죽겠다는 표정)

그 자리에서 대놓고 놀란 척 하는 사람은 물론 아무도 없었다.

그가 계속 말을 이었다.

"언젠가 스킨십을 하는데 너무 몰입해서 그만 그녀의 발을 내 입으로 가져가 버린 거야! 그런데 '우웅, 깬다' 가 그녀의 첫소감이었어."

영화 「부메랑」에도 이와 비슷한 장면이 나온다. 바람둥이 남자 주인공에겐 이상한 버릇이 있었는데 그건 바로, 섹스 후 잠든 그녀의 발가락을 몰래 살펴보는 것.

'자고로 진짜 미인은 발가락이 예뻐야 하는데 으윽, 이번에도 실패하면 어쩌지?

눈을 꼭 감고 긴장된 제스처로 이불을 들추던 그 남자, 이내 "끼얏호" 하며 환호한다. 마침내 그는 발가락까지 완벽한 미인을 만나게 된 것이다!

이처럼 대부분의 사람들에겐 별 의미 없는 부위가 누군가에겐 꽤나 심각한 매력 포인트가 될 수 있다. "난 이런 게 좋아" "난 이런 거 싫어" 류의 발언을 일상적으로 내뱉는 감각쟁이 여우 남자에게서 자주 볼 수 있는 특징이기도 하다. '패티시즘' 으로 통칭되는 이런 취향은 잘 알려져 있는 용어임에도 불구하고 일상화되어 있지는 않다. 후배에게 별안간 뜨거운 발가락 키스를 받았다는 그녀가 '꺄아아' 소리를 지르며 냅다 도망친 것만 봐도 알 수 있지 않은가.

내친 김에 다른 친구의 이어진 증언을 들어 보자.

"와우, 예전 남자 친구도 너랑 비슷했어. 무드 팍 깨지게 갑자기 발에 입을 갖다 대는 거 있지? 무좀이 있던 난 질겁하고 튀었어. 영문도 모르는 그는 서운하다며 계속 입맛만 다시고…."

크핫핫! 듣다 보니 후배의 그녀도 슬쩍 의심이 갔다. 그러게 진짜 속마음은 확인해 봐야 안다니까. 아무튼 자칫 서로를 '변태' 취급하며 멀어질 수도 있을 비극은 사전에 예방하는 게 좋겠다. 그러려면 우선 두 사람이 평소에 유머 감각을 키워 둘 필요가 있다. 상대의 유별난 성적 취향에 뻣뻣하게만 대응하면 그것만큼 지루한 일이 어디 있을까. 앞으론 눈 흘기는 대신 장난스럽게 속삭여보라.

"내 발가락들 좀 봐. 벌써 발그레해졌네? 자기, 뽀뽀는 다음에 해 주면 안 돼? 얘네들이 넘 부끄럽다잖아."

그렇다. '변태'는 없다. 별 것 아닌 걸로 호들갑스럽게 타인을 변태 취급하는 누군가의 '추태'만 있을 뿐이다. 자기와 다른 취향을 가졌다고 해서 마냥 손가락질하는 사람들이야말로 '지구촌 변태 기념 생물 제1호'로 등극시킬 만하다.

'차근차근 & 단숨에'를 번갈아 실행하라

인생에는 당신이 구사할 수 있는 여러 가지 속도가 있다. 그중에서도 추천할만한 '차근차근 & 단숨에' 비법! 어떤 일을 원하는 방향으로 이끌고 싶을 땐 이 두 가지 속도만 잘 활용하면 된다. 순서는 뒤바뀌어도 상관 없다. 상반된 스타일을 적절히 번갈아가며 구사한다는 것이 포인트. 이건 여우 남자가 종종 구사하는 방법이기도 한데, 이를테면 그는 당신에게 다가와 '단숨에' 친근함을 표시한다. 천진한 태도로 살갑게 굴면서 사뭇 가까와진 것처럼 행동한다. 당신은 눈이 휘둥그레해질 것이다.

'어랏?'

　그 순간 당신의 마음은 조금씩 열리기 시작한다. 누구든 죽도록 싫은 타입만 아니면 호감을 표하는 상대에겐 마음을 열게 되어 있으니 말이다. 이건 그의 1단계 작업에 지나지 않는다. 여우인 그는 곧 잔꾀를 부려 '차근차근' 전술로 돌입한다. 시치미를 떼고 깍듯하면서도 사무적인 태도로 컴백하는 것이다. 당신은 또 한번 당황한다.

　'어맛?'

　이제 당신은 별 관심도 없었던 그에게 마음이 가기 시작한다. 좀더 용감하고 소탈하다면 아예 그에게 다가가 먼저 말을 걸어보기도 할 것이다. 이쯤 되면 그의 '두 가지 속도 전략'은 톡톡히 효과를 본 셈이다.

　물론 당신도 똑같은 방법을 그들에게 써먹을 수 있다! 수채화처럼 은근히 다가갔다간 열정적인 터치로 그의 마음을 빼앗아라. 이런 방법은 그와의 스킨십에서도 유용하다. 대담하게 끌어당긴 다음, 수줍게 두근거리는 모습을 드러내도 괜찮다. 단 거짓으로 꾸미거나 연기해서는 안 된다. 한 번에 한 가지씩, 당신 안의 다양한 모습을 꺼내 자연스럽게 시도한다는 느낌이면 된다.

디스플레이용 포장지는 벗겨라

"여자들은 이럴 때 남자가 이래 줘야 좋아하잖아. 안 그래? 이럴 땐 어쩌고 저쩌고…."

내가 아는 한 친구는 여자에 관한한 어떤 토픽에도 빠삭했다. 심리, 메이크업, 패션에 이르기까지 다양한 분야에 대해 데이터를 확보하고 있다. 여자들이 많은 자리에서도 그의 '강의'는 겁없이 이어졌고 그 내용은 그녀들에게도 꽤 그럴싸했다.

"네가 뭘 좀 아는구나? 경험이 많은가 봐."

우리는 그가 정말로 야무진 여우 남자임을 믿어 의심치 않았다! 한데 나중에 듣자 하니 의외로 그에겐 연애 경험이 많지 않았다. 게다가 그것마저 잘 풀리지 않았다고 했다.

모든 걸 완벽하게 콘트롤하는 것처럼 보였지만 그는 스스로 초보자라고 느끼고 있었다! 그의 속사정을 듣고 나니 '겉모습이 다는 아니다' 라는 뻔한 진리를 되새기게 됐다.

더 이상 상처받지 않겠다는 심리가 자신도 모르게 그의 진짜 모습을 덮어 버리는 경우가 종종 있다. 사람들은 그를 다른 사람으로 오해하고 결국 그는 의도한 대로 세상과 관계 맺기가 어려워질 것이다. 이런 깨달음으로 여우 남자의 세계를 들여다보면 뜻밖에 소탈한 그의 진실이 엿보일지도 모른다.

반드시 꾀로 충만한 전략을 동원해야만 손해 보지 않고 누군가 사랑할 수 있는 건 아닐 텐데. 이는 두렵거나 혼란스러운 나머지 그럴싸한 여우 이미지로 자신을 포장한 모두에게 유용한 교훈이기도 하다.

여우 세포를 서서히 마비시켜라

당신과 만날 때만큼은 그가 자신의 여우 본능을 까맣게 잊을 수 있도록 그로부터 무한한 열정을 불러일으켜라. 하하, 말은 쉽지? 누군 몰라서 안 하나, 못 하는 거지! 알아 알아, 안다고. 조금만 더 들어 주길 바란다.

이성적이고 침착한 여우 타입일수록 내심 자신이 평소에는 펼쳐보지 못한 뜨거운 사랑에 대한 선망이 있다. 즉 겉으론 짐짓 '침착한 여우 행세나 하며 사는 게 속 편하다' 고 여기고 또 그렇게 행동하면서도 다른 한편으론 여전히 열정과 광기의 뜨끈뜨끈한 영광을 재현해 보고 싶어 안달이 나 있다는 거다!

당신은 차가운 그의 얼굴 뒤에 숨은 욕망을 읽어 내야 한다. 즉 '심심한' 그의 심장에 '싱싱한' 낙지 한 마리를 풀어 놓고 그를 리드하라. 상대를 열정적으로 만들려면 먼저 당신 스스로 그렇게 되어야 한다. 몸과 마음의 에너지를 갖춘 다음, 그 뜨거운 온도가 그에게도 넘칠 만큼 강렬하게 전해지도록 하라.

매사 즐겁고 새로운 일에 대한 호기심으로 충만하면 상대도 자연스럽게 끌려오기 마련이다. 마음 속으로 상쾌한 공기를 '룰루랄라' 호흡하는 훈련을 거듭하라. 그를 만날 땐 늘 새롭고 예측 불가능한 일들을 기획해 뒀다가 낼름, 혀 내밀듯 꺼내 보여라.

"하늘이 반짝반짝, 너무 예쁘네! 모처럼 기분 탁 트이는 데서 식사하고 가면 어때요? 내가 오늘 날씨에 딱 맞는 데를 알거든."

이런 제안은 그에게 어떤 감정을 즉각적으로 요구하는 게 아니므로 부담을 주지 않을 것이다. 그는 그저 당신의 엉뚱하고 신선한 프로그램에 짤막하게 동행하기만 하면 될 테니까. 이런 시간들이 쌓이면 그는 곧 여우의 탈을 자진해서 반납할 것이다. 그리고 당신에게 순수하게 몰입할 것이다. 당신과 만나면 이렇게 늘 설레고 천진한 기분으로 돌아갈 수 있는데 누군들 그렇지 않을까! 그의 여우 세포를 서서히 마비시키는 방법이랄까. 후유증 없이 모두 '윈윈' 할 수 있다는 점도 근사하다.

솔직함을 빙자한
허 찌르기를 경계하라

여우 남자들은 간혹 솔직함을 빙자해 여자들의 허를 찌르곤 한다. 그가 순진한 척, 귀여운 척까지 해 버리면 그녀들은 그만 확 쏠려 버리고 말겠지? 여자들은 은근히 그런 인간적인 면모 즉, '천진한 무방비 상태'라고 일컬을 만한 요소에 쉽게 매료된다.

'자신의 단점을 순순히 털어 놓고 부끄러운 욕망까지 날것 그대로 고백하다니, 이것 참 신선한 걸? 게다가 내가 너무 매력적이라서 정신을 못 차리겠다잖아!'

이렇게 감탄하다가 결국 예리한 경계의 칼날을 거둔다. 나중에 생각하면 정말 빤한 수작에 불과한데, 현장에선 앞뒤 가릴 것 없이 많은 여자들이 그의 작업에 호응하고 만다. 지루한 일상에 노곤해져 있다면 더더욱 그런 작은 모험에 가담하고 싶어할 것이다.

특히 그녀들은 겉보기엔 전혀 위협적이지도 않은 그가 '저렇게 애절하고 담백하게 자기 감정을 표현하는 데는 다 이유가 있을 거야'라고 믿어 버린다. 문제는 그녀가 그런 남자와 사귀는 기회를 '딱 한 번' 스스로에게 허용할 때 자신이 생각만큼 강하지 않다는 걸 너무 쉽게 간과한다는 것이다.

강조하지만 그들의 솔직함은 그저 뻔뻔한 '연기'에 불과하다. 감성적인 언어와 제스처에 저돌적인 솔직함마저 거칠게 뒤섞어 당신을 뒤흔드는 남자? 따라서 출발부터 각별한 주의를 요한다. 뭐든 넘치면 수상한 법이다. 그런 남자들의 뱃속이야말로 까놓고 보면 온통 냄새나는 'X-화일' 투성이일 것이 분명하다.

다음은 말하는 타입으로 본 남자들의 음흉 지수다.

"여간 해선 이런 칭찬 안 하는데…" 노련한 심리학자처럼 상대의 잠재된 욕망을 읽어 내는 그는 통상적인 칭찬은 안 하느니만 못하다는 사실을 잘 알고 있다. 그는 당신이 다른 여자에 비해 상대적으로 어디에서 우월감을 느끼고 있는지 금방 포착한다. 그리곤 깍듯하면서도 도발적인 분위기로 당신이 적당한 나르시시즘에 빠지도록 이끈다. 사람은 자신이 아름답다고 느낄수록 상대방에게도 적극적인 법! 그는 이미 그 사실을 잘 알고 있으며 이를 유감 없이 활용할 것이다. (음흉 지수 80)

"이런 느낌 정말 오랜만이에요." 수줍은 척, 경험 없는 척 하면서 결국 할 거 다 하는 타입이다. 순진함 혹은 신중함을 가장한 그의 고백은 일단 의심해 볼 만하다. 당신은 우선 다른 여자들과의 비교 평가에서 자신이 우위를 점했다는 사실만으로도 충분히 가슴 설렐 것이다. 그리고 그가 자신의 부끄러운 현실을 '힘겹게' 딛고 털어 놓은 고백들에 기꺼이 감동할 만반의 준비가 되었을 것이다! 이거야말로 그가 가장 바라는 바다. (음흉 지수 90)

"당신 맘에 들어요." 잔머리 굴리지 않고 명쾌한 타입의 그는, 되든 안 되든 자신감 있게 밀어붙인다. (음흉 지수 20)

"사실이에요. 하지만…." 느끼함은 그의 힘? 솔직함마저 느끼함의 다른 버전으로 바꾸어 버리는 이 남자를 조심하라. 자신의 부실한 면을 일찌감치 까발리며 작업을 거는 이 남자, 꽤나 노련해 보인다. 누가 물어나 봤냐고? 먼저 나서서 진실을 불어 버리면 상대방은 곧 할 일이 없어져 버린다. 그리곤 쥐꼬리처럼 첨부된 '하지만…' 이라는 반전에 실낱 같은(실은 폭포수 같은) 기대를 걸게 된다. 쯔읍. (음흉 지수 90)

 만난지 얼마 되지도 않았는데 이 남자, '아주 아주 특별한' 당신과는 이제 인생을 논할 준비가 되었단다. 그리곤 장황하지 않으면서도 충분히 인상적으로 자신의 미래를 브리핑한다. 허엇, 이건 꽤나 까다로운 작업일 텐데? 이 방면에 '전문가' 인 그는 역시나 눈치 빠른 탐정에 가깝다. 그는 당신의 미묘한 반응들을 지켜보며 조금씩 '스토리 라인' 을 수정해 나갈 것이다. 재빠른 피드백과 적절한 임기응변은 필수! 잘만 하면 당신이 그를 '운명의 남자' 로 느끼도록 오묘한 신비감마저 이끌어 낼 수 있다.(음흉지수 70)

'휘발성 알코올, 남녀의 작업 일지

잡히지 않으면 간절하게 원하고 막상 손 안에 들어오면 나 몰라라 돌아서고. 그 변덕스러움이 마치 알코올 휘발되듯 순식간이니! 이른바 '휘발성 알코올 증후군'에 걸린 남녀들의 기막힌 헌팅 일지를 단독 입수했다.

나? 휘발성 알코올 남자

200×년 ×월 ××일 (날씨 화창, 컨디션 왕창 흐림)

우산을 받쳐들고 나가고 싶을 정도로 짱 우울. 참을 수 없는 이고독, 밑바닥을 내비치는 내 자존심! 왜 그녀는 내 눈빛에 단 한 번도 반응하지 않는 걸까? 정말 미스터리다.

처음 그녀를 본 순간으로 거슬러올라가면 아, 아직도 가슴 설렌다. 그녀는 유연하고 믿을 수 없을 만큼 잘록한 허리를 지녔고 가슴도 빵빵했다. 사랑스런 미소는 가히 카르멘 카스(일류 수퍼모델)급! 난 그만 숨이 멎는 줄 알았다.

그녀의 제1매력은 바로 '쉽게 넘어올 것 같지 않다' 는 점. 차갑고 신비스러운 자태가 그것을 웅변하지 않는가! 손에 쥐기 힘든 도자기 같은 느낌이랄까. 비현실적인 아름다움이 매력을 더욱 돋군다. 난 그때부터 전의에 불타올랐다. 여늬 때처럼.

200×년 ×월 × × 일 (날씨 왕창 흐림, 컨디션 조금 난조)

오늘은 날씨마저 협조를 안 해 줬다. 젠장. 이렇게 찌뿌둥한 날씨가 가장 싫다. 비가 오려면 오든가, 말려면 주름살 펴고 활짝 웃든가! 사람 고문 시키는 것도 아니고 애매하게 기분 쥐어 짜는 이런 날씨는 정말 왕재수다. 하필 오늘 그녀를 만나기로 한 첫 데이트.

그녀는 여전한 그 매력을 간직하며 내 앞에 홀연히 나타났다. 약속 시간을 한치도 어기지 않았다. 얄밉게 똑 부러지는 매너로 그녀는 나를 바라보며 앉아 있었다.

“나를 꼭 봐야겠다구요? 용건이 뭐죠?”

다행히 그 목소리는 100% 사무적인 것만은 아니었다. 나는 슬슬 기력을 회복했다.

“당신을 보자마자 사랑에 빠졌어요. 너무 아름다와요.”

이게 내 첫멘트였을까? 천만에! 이런 여자들은 이미 그런 말을 죽도록 많이 들어왔기 때문에 되풀이해 봐야 내 입만 아프다. 코웃음치며 나가 버릴 확률이 크다. 나는 다른 수를 썼다.

“당신은 참 지적인 사람 같아요. 대신 두려움이 많죠. 그래서 여간해선 사랑에 빠지지도 않구요. 한눈에 그렇게 느꼈어요.”

침착한 저음의 목소리는 너무 느끼하게 급조되면 곤란하다. 정신과 상담의처럼 정돈해야 한다. 아니나다를까. 그녀는 흠칫 놀라는 표정을 지었다.

“너무 확신하는 거 아닌가요?”

살짝 부정하기는 했지만 아하, 그녀는 이미 내 페이스에 말려들고 있었다.

200×년 ×월 ××일 (폭풍우 몰아침, 컨디션 클라이막스!)

마침내 그녀가 내게 항복했다! 세상에, 완벽해 뵈던 그녀가 겨우 14일만에 백기를 흔들다니 믿을 수 없다. 들뜬 그녀는 도리어 내게 먼저 사랑을 고백해 왔으며 섣불리 모든 기쁨을 드러 냈다.

"이제껏 당신 같은 남자는 없었어요. 늘 이상한 의도로 접근해 오는 남자들만 있었지. 물론 처음엔 당신도 그런 남자들일 거라 의심은 했죠. 허영기 가득한 남자들, 그저 괜찮은 여자를 정복해야 자신도 그런 류로 레벨업된다고 믿는 한심한 …."

행복해하는 그녀 옆에서 난 흐뭇하게 미소 짓고 있었다. 세상 모든 것을 얻은 것 같다.

200×년 ×월 ××일 (날씨 약간 흐림, 컨디션 흐물흐물)

아, 이젠 그녀의 목소리도 듣기 싫다. 창백한 도자기 같은 피부도 싫증나고 단조롭게 읊조리는 말투도 왕 피곤하다. 어쩜 이유 없이 그냥 싫어진 건지도! 요즘 난 신비로움도, 예전의 매력도 모두 사라져 버린 그녀의 앙상한 어깨뼈만 바라보면 마음이 아프다. 그녀에게 내 마음 속에 벌어진 이 모든 내용을 솔직히 털어 놓을 수도 없는 일. 그저 피하는 수밖에 달리 방법이 없다. 그녀도 곧 눈치채겠지. 끙.

나? 휘발성 알코올 여자

200○년 ○월 ○○일 (날씨 화창, 컨디션 왕창 흐림)

정말 요즘 컨디션이 저조하다. 아무도 만나고 싶지 않다. 얼쩡대는 놈들은 한결 같이 영양가 없는 남자들이 대부분! 모두 나의 외적인 것만 보고 덤벼드는 한심한 족속들이다. 돈도 없고 든 것도 없고 정력마저 없는 남자들 …. 더 이상 속지 말자.

200○년 ○월 ○○일 (날씨 왕창 흐림, 컨디션 조금 난조)

엇, 오늘은 정말 괜찮은 남자를 봤다. 그는 과묵하고 점잖으며 자신만의 세계를 간직한 것 같았다. 무대 디자이너라고 하는데 그을린 피부와 만만찮은 연륜을 보여주는 팔뚝과 근육들이 특히 볼 만했다. 수많은 작업들을 거쳐왔음을 알려주는 저, 저, 저…!

그가 내가 참여한 연극 연습 시간에 처음 모습을 드러 냈을 때부터 왠지 운명적인 느낌이 팍팍 풍겨 왔다. 한마디로 피할 수 없는 만남이었던 셈이다. 하지만 그는 내게 눈길 한번 주지 않았다.

200○년 ○월 ○○일 (폭풍우 몰아침, 컨디션 스멀스멀)

드디어 그를 처음 꼬셔 냈다. 명색이 주연 배우로서 이런 부분은 무대 장치할 때 고려해 주었으면 한다는 진지함을 가장해서 말이다. 그러자 그는 예상대로 이렇게 난색을 표했다.

"의도는 알겠어요. 하지만 그건 제 영역인 걸요."

오호라! 이에 나는 준비해 둔 멘트를 시작했다.

"연출가도 아닌 주제에 내가 당신에게 이런 부탁을 한다는 건 당신 말대로 정말 말도 안 되는 일일지 몰라요. 하지만 이 작품은 저에게도 너무 소중한 기회이기 때문에 디테일 등은 함께 했으면 하는 거예요. 특히 제가 자주 등장하는 이 부분에 대해선 몇 가지 아이디어가 있어요. 예전에 국내외에서 공연되었던 동명의 작품 자료들을 참조해 봤는데요…."

다소 거부 반응을 보이던 그도 결국 내 열의에 딱딱하던 태도를 굽히기 시작했다. 그리고 몇 시간 후 이 모든 이야기가 끝났을 때 그는 심지어 내게 감동한 것처럼 보이기도 했다. 만만세이!!

200○년 ○월 ○○일 (날씨 화창, 컨디션도 짱!)

그는 결국 내게 프러포즈해 왔다. 핑크빛 주파수가 제대로 맞아떨어진 그날 이후, 난 그에게 시침 떼고 아무런 추파도 던지지 않던 참이었다. 결국 감질맛 느낀 그가 먼저 액션을 취한 것이다. 한껏 놀란 척 했지만 속으론 찢어져라 웃었다. 음화홧.

200○년 ○월 ○○일 (날씨 약간 꾸물꾸물, 컨디션도 흐물흐물)

슬슬 그가 귀찮아지기 시작했다. 알고 보니 별 재미도 없고 시시한 사람이었다. 신비감? 자기만의 세계? 개뿔! 그는 오로지 내게 모든 에너지를 바치려 한다. 연극을 준비하는 과정에서 그런 그의 '오버 액션'은 상당한 부담이다. 옆 동료들조차 주의를 줄 정도로. 어느새 내 행동 반경이 제한을 받는 느낌이다. 그만 둬야겠다.

그들 몸에 들러붙은 알코올을 해독하기 위한 방법은 그럼 무엇? 싱겁지만 그냥 내버려 두는 게 상책이다. 제 멋에 겨워 사는 걸 굳이 말릴 필요까지야. 대신 당신은 그들의 '알코올 바다'에 절대 휩쓸리지 않도록 조심 또 조심하라. 그리고 다른 친구들에게도 가급적 저런 남녀의 못 말릴 특징을 미리 고지시켜라.

한데 그런 타입을 어떻게 알아보느냐고?

• 승부욕이 유달리 높다(십자 낱말 맞추기 따위에까지 목숨 건다)

• 호기심이 충만하다(그것만으로도 지구 반대편을 꿰뚫을 정도!)

• 변덕이 하늘을 찌른다(위를 봐, 이미 구멍이 수억 개 났을 걸?)

- 쇼핑 중독이다(새 것이라면 사족을 못 쓴다)

- 엿장수 마음대로다(한 사람에 대한 평가가 어제 다르고 오늘 다르다)

- 주제 파악 못한다(스스로 꽤 똑똑하고 분별력 있다고 생각한다)

특히 위의 유형이 복합적으로 겹쳐 있을 경우 중증이므로 과감히 피해 준다. 업무상 부딪쳐야 할 상황이라면 사무적인 대사 외에 열 단어 이상 절대 넘기지 않도록 한다. 아, 물론 당신이 그들의 유혹을 받을 만큼 매력적인 '먹이'가 아니라고 판단되면 이 모든 '경계 경보'를 즉각 해제해도 좋다.

애인 있는 남자를 숨아 내라

매력적인 남자들치고 애인 없는 경우는 거의 없다. 또 애인은 아니더라도 주변에 경쟁력 있는 이성들이 많다. 즉 '삘이 꽂힌다 싶은' 남자들은 이미 애인 다루기에 능한 오랜 연인이 곁에 있거나 막강한 경쟁자들이 겹겹이 둘러싸고 있거나 둘 중 하나다. 이런 남자들은 평소 '기름칠'이 잘 되어 있어 누구에게든 쉽게 깊은 인상을 남긴다.

그가 당신을 유혹하기 쉬웠던 이유도 바로 그 때문! 내친 김에 손가락 한번 더 까딱하기란 그리 어려운 일도 아니었을 테니까. 제 아무리 킹카라 해도 부단히 유혹의 기술을 단련하지 않으면 곧 근육이 풀리듯 밋밋해지고 말 것이다.

자주 끌리는 남자들이란 게 대개 이런 부류라니 억울하긴 하겠다? 그렇다고 그들 보고 '나 임자 있는 몸' 이라고 이마에 써붙이고 다니랄 수도 없고. 최소한 한 가지 사실은 위안이 되지 않을까. 남자 보는 안목이 보통은 아니라는 것. 유려한 감각의 소유자들만 콕 집어 낼 정도라는 것. 비록 알맹이 없는 작업이긴 했지만 평가할 건 하자고.

빡 하면 '맞아, 여자들은 좀 그런 경향이 있지' 라는 말을 익숙하게 달고 다니는 남자들도 의심해 볼만 하다. 그의 곁에 그림자처럼 붙어 있을 다른 누군가를 지칭한 것일 수도 있다. 그는 최소한 거짓말은 싫어하는 사람이라서 본격적으로 닦달 당하기 전까진 주로 다음과 같은 작전으로 버틸 것이다. 자기 입으론 절대 증거를 안 남기고 상대가 알아서 착각하게끔 교묘히 유도하기!

그러니 달콤한 감정에만 취해 있지 말고 가끔 뒤를 돌아보라. 그가 당신과 자신의 관계에 대해 이러쿵 저러쿵 '분명히' 언급한 적이 있는가? 친구들에게 당신의 존재를 말한 적은? 여타 주변 인물들의 이야기를 당신에게 구체적으로 들려준 적은? 또 사생활과 관련된 영역에 직접 당신을 데리고 간 적은? 기타 등등 의심해 볼

만한 항목은 꽤 많다.

그는 썩 달콤한 멘트로 당신을 달궈 놓았을지 모른다. 그리고 당연하게도 이런 작업은 그에게 매우 쉬웠을 것이다. 아, 얄미운 넘. 그는 쇼핑할 시간도 없이 바쁘다면서(이중 생활을 하려니 공사다망할 수밖에!) 늘 감각적인 새 옷들로 폼 나게 갖춰 입고 나온다. 그런가 하면 심야 데이트는 주당 1회 정도로 제한하겠다나 뭐라나. 정체 불명의 핸드폰 문자 메시지를 자주 씹는다거나 전화 벨소리를 무시하는 등 '보안'에도 철저하다.

이럴 때 당신은 그가 자신의 수상쩍은 행동들을 번잡스럽게 해명하지 않으면 안 되게끔 분위기를 몰아가라. 어떻게? 냉랭한 눈으로 그를 말없이 응시하기만 하면 된다. '으응, 대체 무슨 일이야?' 하고 묻듯이 준엄하고 뜨끔한 눈빛이어야 함은 물론이다. 자존심을 걸고 치사한 거짓말 따윈 안 하겠다는 깔끔한 인간이니, 곧 신비주의 따윈 철수하고 제 모습을 드러 낼 것이다.

단서를 남기지 말라

이건 좀 미묘하고 치사한 이야기이긴 한데, 이쪽에서 먼저 결정적인 제스처를 취해 버리는 일은 없길 바란다. 여우 남자의 '몸사림'이 당신의 '몸부림'보다 한 수 위이므로 죄책감을 느낄 필요는 없다. 알다시피 그는 당신이 마음에 들더라도 이를 쉽게 내색하지 않는다. 대신 분위기만 살짝 흘리며 상대를 유인한다. 그럼 곰 같은 당신은 뭐에 홀린 표정으로 덥석 액션을 취할 것이고 곧 그는 안심할 것이다.

'최소한 내가 먼저 시작한 건 아니니까, 흠.'

따지고 보면 그리 나쁜 죄질은 아니다. 얄밉지만 은근히 귀여운 구석도 있다. 하지만 그래도 뭔가… 상당히 찜찜하지 않은가?

여우 남자는 연애할 때도 달콤한 세리머니를 '함께' 펼치고 싶어한다. 말하자면 결혼식에서 "신부만 부케 던지란 법 있냐, 신랑인 나도 좀 던져 보자"며 떼쓰는 경우랄까. 그동안 남자들이 주로 맡았던 역할은 지루하고 고루하니 이제는 여자 쪽 영역에도 관심을 갖기 시작했다는 말씀이겠다. 뭐 안 될 것은 없다. 정해진 룰 따윈 가볍게 튕겨 주자니 신선하기조차 하다. 이렇듯 남자들이 연인과 사랑을 나눌 때 시도할 수 있는 색다른 역할에도 눈을 돌리기 시작했다는 점은 꽤 의미심장하다.

여우 남자는 먼저 주도권을 쥐는 데서 얻는 포만감 따위엔 별 관심이 없다. 노골적인 사냥 행위는 어쩐지 피곤하고 덜 우아할 뿐더러 별로 짜릿하지도 않다는 생각을 하게 된 것 같다. 대신 그는 좀더 사려 깊게 행동하면서 "사…" 까지만 발음해 놓곤 상대방이 알아서 "응, 나도 사랑해!" 라고 외쳐 주길 기다린다.

대범한 당신은 이런 사태를 쉽게 넘겨 버릴지 모른다. "그까이 꺼 먼저 해 주고 말지, 밀고 당기는 건 싫다구!" 하고 큰소리치면서 말이다. 하지만 적어도 연애 초반엔 가급적 그가 '책임질 만한 액션'을 취하도록 만드는 게 좋다. 창조적인 여우 남자라도 상황이 너무 쉽게 돌아가면 금방 지루해할 것이기 때문이다. 더욱이 책임감 따윈 느끼지 않을지도 모른다. "어차피 네가 먼저 시작한 거잖아, 난 잘못한 거 없어" 라며 오리발 내미는 그를 상상해 보라. 설마 그 정도로 치사하게 나오진 않겠지만.

중요한 부분은 무조건 그가 확실히 '테이프를 끊고' 들어가게 만들어라. 어차피 당신이 다 유도한 것이겠지만 그래도 형식상 중요한 결정을 내리고 이를 공식적으로 '선포하는' 영광은 그쪽으로 돌려라. 당신은 이에 살짝 협조하는 척 하며 우아하게 지켜보라. 이처럼 초반에 이뤄지는 짧지만 중요한 과정들을 통해 당신은 나중에 좀더 업그레이드된 대접을 받을 수 있다. '폼 나는 세리머니 좀 함께 해 보자' 며 덤벼든 그에겐 좀 미안한 일이지만!

다음은 그의 여우 기질이 실감나게 코앞에서 낼름거릴 때, 결코 굴하지 않고 당신만의 우위를 점할 수 있는 방법들이다. 즉 단서는 남기지 않고 우아하게 버팅기기.

먼저 내색하지 말라 흔들려도 내색하지 말 것. 차분하고 우아하게. 그가 차례를 못 기다리고 먼저 액션을 취하게 만들어라.

먼저 질문하지 말라 "우리 지금 무슨 관계죠? 사귀는 거 맞나요?" 이런 꺼벙한 질문은 여우 남자에겐 되도록 참아 주길 바란다.

그가 특유의 센스 있는 태도로 알아서 프러포즈해 올 때까진 신중할 것. 당신이 먼저 묻는다면 그는 기다렸다는 듯 심플한 표정으로 답할 것이다.

"으응, 몰랐어?"

설마 이런 '엎드려 절 받기' 식 프러포즈에 만족할 생각은 아니겠지? 그에게도 정성껏 자기 마음을 표현할 수 있는 권리는 허용해 주도록 하자.

먼저 스케쥴을 잡지 말라 연애 초반엔 가급적 스케줄 편성표를 그에게 맡겨라. 즉 그가 당신의 마음에 들기 위해 수고를 아끼지 않게끔 만들라는 것이다.

상황을 어렵게 만들라 그가 뭔가 당신과 함께 하려고 할 때 "응! 좋아" 하고 단숨에 대답하지 말라. 매번 숨을 꾸욱 참으라는 뜻은 아니다. 다만 그 횟수를 조절하라는 것이다. 그를 조금 애태울 필요가 있다.

예를 들어 그가 다시 전화한다고 한 시간에 핸드폰을 잠깐 두고 외출해 보라. 귀가하면 참을성 없는 그가 남긴 무수한 '부재중 전화' 메시지를 발견하게 될 것이다. 뭐, 당신 잘못도 아니잖아? 애초에 그는 정확히 언제쯤 전화를 주겠다고 말한 것도 아니니 말이다(괘씸하지 않아? 알아서 연락할 때까지 종일 입 닥치고 기다리란 소리야 뭐야). ‘그저 잠깐’ 운동하러 나간 사이에 그의 전화가 수십 통 온 것일 뿐. 그렇다. 이건 정말 우연 중의 우연이다! 물론 다소 예측 가능한 우연이었다는 혐의가 남긴 하지만.

“어머, 어쩌죠? 다음부턴 몇 시에 하겠다고 콕 집어서 말해 주세요. 그럼 이런 일은 없을 거예요(내 사생활을 존중한다면 그 정도 배려쯤은 해줘용!)”

즉 뭐든 자기 위주로 진행하는데 익숙한 여우 남자들에게 틈틈이 나도 존중 받아 마땅한 ‘나만의 스케줄’이 있음을 알려야 한다. 별 미련 없음을 내비쳐라 “좋은 티켓이 생겼는데…”라고 말하며 분명 으쓱해하는 그의 태도!

“같이 가 줘요. 이런 거 좋아하죠?”

어쩜 그는 무척 갈망하던 티켓이 생긴 것에만 열중하고 있는지 모른다. 만만한 상대에게 ‘내가 청하면 당연히 따라오겠지’라는 생각을 하고 있는지도?

“응, 축구는 별로 안 좋아하는데 어쩌죠. 다른 후보를 물색해 보세요. 정말로 가고 싶어 하는 사람이 있을 테니까 저는 매너 좋게 양보할게요.”

그때 그의 태도에 주목해 본다.

“어, 음, 그게 아니고… 난 정말 당신이랑 가고 싶었거든요. 애써서 구해 온 거라구요."

진작에 그렇게 말할 것이지!

<u>머리는 여우, 가슴은 사슴으로 남아라</u> 이 책을 읽으면서 느끼듯이 당신은 '머리는 여우, 가슴은 사슴'이 되어야한다. 즉 머리는 그의 보조를 맞추어 여우처럼 작동시키되, 가슴은 순수하고 우아한 사슴으로 남자는 것. 그의 속셈을 간파해도 서두르지 말고 느긋하게 대처하라. 당신이 현명하다면 충분히 잘해 낼 것이다.

절묘한 3 : 1 구도에 주목하라

오랜만에 한 남자 친구에게서 연락이 왔다. 겸사겸사 술이나 마시자는 메시지였다. 난 마침 곁에 있던 여자 후배 두 명을 꼬드 겼다. 구도는 다소 김 빠지게 느껴지는 3 대 1. 기가 약하면 심지어 초반부터 그쪽이 케이오 패 당할 가능성도 높았다. 그날 대동한 후 배들은 모두 재치 있고 여우 기질을 90% 이상 발휘하는 고단수들 이었으니까. 그러나 결과는 뜻밖에도 엎치락뒤치락 무승부.

이는 모두가 절묘한 '3 대 1 구도' 에서 비롯되었다. 우선 <u>그는 우리가 행여 심심해 할까 봐 더욱 사명감을 갖고 열심히 임해 주 었다. 다양한 캐릭터들을 상대하느라 그의 순발력은 더욱 입체</u>

적으로 빛을 발했다. 우린 우리 대로 바빴다. 다소 느긋하던 우리는, 어느새 그에게 잘 보이기 위해 선의의 경쟁을(?) 벌이게 되었다. 나름대로 '진기한' 위치를 점하게 된 그에게 집중하기 시작했다. 덕분에 대화는 그 어느 때보다 쫀득하게 마무리되었다.

그날 이후 나는 다른 자리에서도 종종 이런 구도를 시도했다. 성별을 바꿔 가며 또 어떤 땐 숫자 배열에 조금씩 변화를 줘 가면서. 역시 그때마다 미묘한 차이가 있었고 나름의 재미가 쏠쏠했다. 그러던 어느날 문득 궁금해지는 것이 있었다.

'이런 구도의 묘미를 파악하고 적극 활용하는 남자들은 대체 어떤 부류일까?'

가령 이쪽에서 여러 명의 여자들이 나온다는 걸 뻔히 알면서도 배포 좋게 혼자 나오는 남자들. 그는 경쟁 상대가 될 만한 다른 후배나 친구를 동행하는 '미친 짓'은 가급적 삼간다. 그런 경우 여자들은 약속 장소로 향하며 간혹 이렇게 쫑알대기도 하지 않는가.

"그 남자, 꽤 자신 있나 봐. 아님 영 눈치 없다거나."

한데 속사정은 그게 아니었다. 살펴본 결과, 그런 남자들은 대개 불치의 왕자 혹은 공주병에 걸려 있지도 않았으며 심지어 눈치 없이 멍청한 부류도 아니었다. 오히려 자신의 성적인 매력에 그럭저럭 '겸손한' 경우가 많았다. 승부욕 비슷한 게 있긴 했지만 느긋한 편이고 현실 감각(그러니까 주제 파악) 하나는 확실했다. 이성으로부터 관심받고 싶은 욕구는 평균치를 웃돌았지만 심각할 정도는 아니었고 적당히 의욕적인 정도? 한마디로 여우 남자의 전형적인 사례라 할 만했다.

그는 과감히 이런 자리를 적극 활용한다. 상대적으로 유리한 고지를 점할 기회를 마다하지 않고 여유 있게 자신을 게임에 가담시키는 것이다. 저마다 다른 타입의 여자들이 그에게 다양한 반응을 보일 것이므로 이건 그에게도 상당히 흥미로운 자리가 될 것이다. 하지만 야심만만한 그에겐 안타깝게도 이런 '3 대 1 구도의 마법'은 신기하게도 그 자리를 벗어나면 무기력해졌다.

자연미는 저리 가라

요즘 몸과 마음에 인공적인 '장신구'를 덧입히느라 바쁘다. 그러면서 말로는 자연미가 좋다느니, 청순미가 최고라느니 떠들어 댄다. 이건 마치 "난 어젯밤 자느라고 시험 공부 하나도 못 했어"라고 울상 지으며 내심 의기양양해하는 것과 같다.

미니홈피에 자기 사진을 올리는데도 자연미는 가볍게(?) 묵살한다. 포토샵으로 피부를 초현실 수치로 끌어올리는 건 기본, 후줄근한 배경을 순식간에 꿈의 세트로 바꾸는 것도 금방이다. 사람들은 여기에 애교 멘트를 덧붙여 마무리한다.

'크훗, 나 이제 뽀샵(포토샵) 없으면 어케 살아여.'

　　그러다 실제로 만나면 '위대한 뽀샵'을 걷어낸 결과로 한참 서로를 못 알아보는 비극도 빚어진다. 당신도 어쩜? 하핫. '꽃을 든 남자'들이 '바탕 로션' 바르고 다니는 건 이제 기본상식 겸 매너가 되어버렸다. 어떤 사람들은 심지어 이렇게 말하기도 한다.

　　"남자든 여자든 안 꾸미고 다니는 애들 보면 자신을 너무 학대한다는 생각이 들어요. 원판도 별로인데 관리까지 험하게 해 버리면, 대체 어쩌자는 거죠!"

　　여기서 한 술 더 뜨는 고수들은 아예 '자연미를 가장한 인공미'를 실현해 보인다. 실컷 꾸몄으면서도 마치 신경 안 쓴 것처럼 무심한 룩을 선보이는 것. 구깃한 상의, 아무렇게나 걸친 재킷, 무심하게 흩날리는 스카프, 부스스한 머리카락…. "나 나올 때 신경 안 쓰고 나와도 이 정도야, 어때?" 하고 과시하듯 여유로운 저 모습!

　　한데 어떻게 해도 폼 나는 선남선녀들과는 달리 '원판부실한' 대부분의 사람들에겐 스타일을 만드는 것도 이만저만 어려운 일이 아니다. 어설프게 했다간 역효과만 날 뿐이다. 오, 갈 수록 살기가 만만치 않은 이 세상! 앞을 보고 뒤를 보아도, 이젠 정말 '시험 공부 안 하고' 시험장에 나오는 애들은 없는 것 같다.

푸근한 외모에 속지 말라

둥글둥글한 성격만큼 둥글둥글하게 생긴 한 선배는 못 하는 게 없었다. 유머 감각과 고소한 말솜씨, 다양한 장르의 호기심, 통통한 몸집에 비해 놀라운 만큼 유연한 리듬감, 10개 국어를 커버하는 빵빵한 노래 목록 등 그야말로 '걸어다니는 초특급 버라이어티 쇼'라 할만 했다.

그의 옆에만 있으면 누구든 최상의 흥겨움을 만끽할 수 있다. 그야말로 모든 여자들이 환호할 만한 재능을 두루 갖추고 있었던 것이다. 그의 표현대로라면 딱 하나, '비주얼이 안 받쳐 준다'는 점이 유일한 감점 요소랄까? 그는 이 모든 신나는 재능을

한 줄로 요약했다.

"후천적인 거지 뭐, 몽땅."

오오, 저 겸허한 듯 은근히 거만한 멘트! 그가 남 몰래 흘렸을 땀방울들이 내 마음 속에도 송송 맺히는 듯했다. 후천적인 노력으로 거머쥔 그의 매력엔 확실히 뭔가 특별한 것이 있었다. 노하우? 궁금해할 사람들이 많을 줄 아는데, 사실 듣고 보면 별 것 없다. 몇 가지 항목을 그저 '꾸준히 잊지 않고 실행하는 게' 중요하다. 그 비밀스런 내역을 공개한다.

- 정확한 자기 분석을 시도할 것
- 어울릴 만한 캐릭터를 구체적으로 모델링할 것
- 늘 다양한 호기심과 열정을 지닐 것
- 어떤 사람과도 대화할 자세가 되어 있을 것(선입견을 버릴 것)

한데 자신의 매력을 성공적으로 기민하게 만들어 가는 그 남자들이야말로 최고 레벨의 여우 남자라는 사실을 잊지 말자. 후덕한 외모와 편안한 말투만 보고 그를 무난한 상대로 착각하지 말라는 뜻이다. 쉽게 생각했다간 큰코 다칠 수 있다.

타고 난 매력은 별 것 없지만 후천적으로 이를 열심히 갈고 닦은 남자들은 자신을 까다롭게 단련시켜 온 만큼 연인을 고르는 일도 까다롭다. 여러 후보들 사이를 누비며 꼼꼼히 원하는 것을 얻을 수 있는지 살펴보고 목표를 이루기 위해 무수한 시행 착오도 서슴지 않는다.

이때 그의 후천적인 매력들은 훌륭한 소품 역할을 해줄 것이다. 깐깐한 야망은 위트 있는 제스처로 부드럽게 가려 버리면 그만이니까. 여자들은 그가 '전혀 위협적이지 않다' 는 이유만으로 쉽게 마음을 열고 경계 경보를 해제하는데, 덕분에 엄청난 특권을 거머쥐게 된다. 그는 재빨리 이곳저곳을 넘나들며 그녀들을 테스트한다.

친근하게 굴었다간 사라지고 잊혀질 만하면 나타나서 "하이!" 하고 서슴 없이 손 내밀 수 있는 것도 바로 이런 그만의 장점 덕분이다. 그래도 그녀들은 별로 기분 나빠하지 않는다. 왜? 어차피 그에겐 별 관심이 없었으니까. 기대치가 낮으니 가끔 나타나서 손 흔들어 주는 것조차 귀엽게 느껴질 것이다. 깜짝 출현 같기도 하고. 그는 이런 기막힌 특권을 적극 활용한다. 한동안 그는 여자들 사이에서 '만인의 친구' 로 통하기까지 한다.

결과는? 당신도 이미 잘 알고 있을 것이다. 최고의 여자와 사랑에 빠진 '평범한' 남자들의 스토리를! 겉 보기엔 유들유들하고 여유 있지만 실제론 야심도 의욕도 넘치는 그의 눈빛을 찬찬히 들여다보라. 그의 내면에 웅크리고 있을 '당돌한 여우' 를 찾아보길 바란다. 즉 그를 무시하는 거만하고 방만한 당신의 태도만 바꾸면 그도 곧 개구리에서 잘 생긴 왕자로 변모할 것이다.

눈부신 반전, 노노를 잘 활용하라

알랑 드롱Alain Delon과 달리다Dalida가 연인처럼 대화를 주고
받는 유명한 상송 '빠홀레 빠홀레Paroles, Paroles'. 거부할 수 없는
매력적인 바람둥이 알랑 드롱이 여자에게 속삭이자 그녀는 본능
적으로 고개를 저으며 말한다.

"노, 노, 노. 그건 입에 발린 말일 뿐. 먼지처럼 흩어질 신기루
일 뿐."

그러나 이에 순순히 물러날 남자가 아니다. 더욱 몸이 달아오
른 그는 마치 시인이라도 된 듯 즉흥적으로 아름다운 말을 꿰어 내
고 결국 신중하던 그녀는 서서히 무너진다. 비록 여전히 "그건 단

지 유혹의 말에 불과해” 라며 손사레치고는 있지만.

여자들은 평소 “노”라는 말을 자주 쓴다. 남자가 어렵게 풀어 놓는 프러포즈에 대해, 키스하려는 조심스러운 몸짓에 대해, 오늘 따라 너무 아름답다고 감탄해 주는 호의에 대해 제발 좀더 늦게까지 함께 있어 달라는 달콤한 제안에 대해서도 일단 “노, 노, 노” 하지만 이를 단순히 내숭이라 치부할 수는 없다.

당신이 그렇게 말할 때 그건 말 그대로 진심인 것이다. 적어도 그 순간만큼은 유산균처럼 싱싱한 “노, 노, 노” 영리한 여우 남자는 이 사실을 잘 알고 있다. 그래서 더 이상 그녀를 귀찮게 설득하지 않는다.

하지만 그녀가 그 말을 필요 이상 반복한다면 그건 진짜로 흔들리기 시작했다는 증거다. 즉 이때 반복되는 “노, 노, 노”는 그저 감정을 은폐하기 위한 것이 아니라 “난 지금 생각 중이에요. 그러니 잠시 시간을 줘요” 라고 청하는 것일 수도 있다.

“노, 노, 노”

눈부신 반전을 준비 중인 빅뱅처럼, 아직 끝내지 않은 메이크업처럼, 감질맛 나게 건들거리는 낚시바늘처럼. 여자들의 그 말은 끝부분이 어떻게 될지 자못 궁금해지게 만드는 구석이 있다. 여우 남자가 우아하게 활동을 개시하는 건 바로 그 시점부터다.

“당신을 사랑해요” 라는 직설적인 고백으로 뜨겁게 다가갔다가 무참히 튕겨졌던 그는 이번엔 다른 방식으로 당신에게 질문을 던진다. 마치 전혀 다른 제안을 하듯이.

“내가 조금은 좋아질 때도 있나요?”

어쩜 그도 이 과정을 즐기는지 모른다. 간질거리며 그의 목구멍으로 쳐들어오는 그녀의 “노, 노, 노”를 슬슬 입안에서 굴리는 맛. 그러면서 상대를 조금씩 자기 품 안으로 유혹하는 바로 그 맛.

“노, 노, 노”

이건 두 사람 모두에게 유용한 에피타이저이기도 하다.

그의 다중 플레이를 놓치지 말라

　　그녀에겐 사귄지 삼 년 되는 남자 친구가 있다. 풋풋하던 시절을 지나 이제 그와는 푹 물러터진 감자 같은 사이. 어쩌다 입술 스치면 키스랍시고 해 보는데 그나마 맛도 밍밍하다. 당장 때려치워? 그러자니 새삼 지난 세월이 억울한데다 홀로 외로움을 감당할 만큼 담대하지도 못하다.

　　또 덥석 옐로우 카드를 내밀 만큼 상대가 확실한 더티 플레이를 한 것도 아니다. 결국 견딜 만하니까 참는 것, 아니 냅두는 것. 그런 그녀에게 별안간 두 눈에 불똥 튕길 일이 생겼다. 얼마 전 그에게 다음과 같이 제안한 것이 발단이 되었다.

"맨날 우리끼리만 만나니까 심심하다. 너도 그렇치? 낼은 친구 몇 명 부를란다. 오케이?"

"그러서."

그녀는 모처럼의 '외도'로 가슴이 다 설레었다. 드디어 기대하던 바로 그날! 예쁘고 화사한 모습으로 나타난 친구들은 그간 그녀가 보인 불성실함 따윈 다 잊은 듯 여전한 우정을 과시하며 맞아주었다. 으아. 역시 너희들밖엔 없다. 몽롱한 행복감에 취하려던 바로 그 순간, 남자 친구가 딱 레이다에 걸리며 분위기가 반전됐다!

저 남자가 누군가 싶어질 정도로 똘망똘망한 눈동자, 어디서 훔쳐왔나 궁금해지는 따끈한 매너, 썰렁하지만 나름대로 처절한 노력이 돋보이는 조크, 힘 있고 시원한 웃음소리! 괘씸하게도 그는 평소 눈꼽 덕지덕지 있던 모습들을 게눈 감추듯 쓸어 버리고 갓 잡은 생선처럼 굴고 있었다.

'아, 대체 난 지금껏 어떤 놈과 죽도록 사귀었더란 말이냐.'

그녀는 자기 친구들 앞에서 돌연 '초절정 매력남'으로 억만 겹 변신한 그를 보며 망연자실했다.

자, 이럴 때 당신이 그녀라면? 가능한 행동 옵션은 다음과 같다.

머리채를 인정 사정 없이 붙잡고 뒤흔든다 "네가 이럴 수 있어? 이럴 수 있냐구. 간사한 여우 같으니!" (이쯤 되면 앞뒤 가릴 거 뭐 있나? 너 죽고 나 죽자!)

끓어오르는 마음을 애써 다독이며 은근슬쩍, 그러나 뜨끔하게 돌려 말한다 "어머, 자기 이런 것도 할 줄 알아? 요런 말도 할 줄 알아? 오랜만에 예쁜 내 친구들 보니까 좋아? 멋있네. 앞으로도 분발해 줘. 당신 이런 모습 보니까 나까지 덩달아 애정이 솟구칠라 그러네. 오호호홋." (너도 눈치 있으면 알아서 처신하겠지?)

돌아오는 길에 머리채 잡고 한판 벌인다 "너 정말 오늘 볼 만 하더라아. 앙? 앙? 주글래? 주글래?" (우웅, 그렇다, 올 것이 왔다!)

참는다 참는다 또 참는다 "오늘 수고했어, 자기." (쯧, 권태기 연인의 비장한 숙명이려니 생각하자!)

장기적 안목으로 와르락 껴안아 준다 "덕분에 오늘 탄력 받았네. 고마워. 우리 진짜로 잘 해 볼 수 있을 것 같아!" (그동안 너 포기했는데 오늘 좀 쓸만해 뵈더라. 짜식!)

마지막 항목처럼 그에게 그날치 질투와 분노 따위를 시시콜콜 발산하는 대신 오히려 감사하는 것도 좋겠다. 어쨌거나 둘 사이에 탄력적인 무언가가 되살아난 것 같으니 말이다!

결정적인 한방을 위해 사소한 일들은 '긍정적 에너지'로 순환

시켜라. 그리고 이를 잘 비축하라. 그러는 한편 당신에 대한 그의 태도가 생기발랄해지도록 바지런히 아이디어를 짜내라. 이 모든 행동은 지친 싱글이 막다른 길에서 택하는 굴욕적인 서비스가 아니라 어디까지나 야심만만하게 주도하는 프로그램이라는 점! 그래도 분이 안 풀리면 그에게 다음과 같이 제안해 본다.

"멋진 친구들 좀 데리고 와 봐. 당신, 나 믿지?"

당신의 사랑스러운 제안에 그는 상당히 고독해질 것이다. 그리곤 그럴 수 없다는 핑계를 대거나 경쟁력 딸리는 후보들로 리스트를 채우는 등 갖은 방해 공작을 펼 것이다. 그럴수록 당신은 차분히 그러나 집요하게 까다로운 주문을 추가해야 한다.

"좀더 멋있는 남자 없어? 매너 있는 애는 멸종해 버린 거야? 신선한 얼굴, 플리이즈!"

안팎의 노력들은 이처럼 매우 우회적으로 진행되어야 한다. "너, 왜 그렇게 이중 인격자처럼 구니? 못 봐 주겠어" 라는 등 직격탄을 날려 봐야 품만 들고 별로 효과도 없다. 순발력 떨어진 연인에겐 회초리 대신 갓 뽑은 당근이 최고!

호
흡
HARMONY

루이 브뉘엘Luis Bunuel Portoles의 영화 「욕망의 모호한 대상」을 보면 흥미로운 캐릭터가 나온다. 바로 '콘치타' 라는 젊은 여자인데 이 배역을 두 명의 여배우가 교대로 연기한다는 점이 특기할 만하다.

감독은 일부러 우아하고 청초한 배우와 육감적이고 정열적인 배우를 번갈아 등장시킨다. 다음 장면으로 넘어가면서 슬쩍 다른 배우가 등장한다. 그리곤 능청스럽게 아까 그 배우가 읊었던 대사를 이어간다. 이건 마치 우리가 처음 누군가를 알아갈 때의 느낌과도 비슷하다! 전혀 다른 두 인물을 대하듯 혼란스러운 그 감정을 영화에서도 잘 표현하고 있다.

그녀는 영화 내내 끝도 없는 밀고 당기기를 하며 남자의 애간장을 태운다. 관객들도 마티유를 따라 조마조마한 심정이 된다. 사랑이라는 미명 아래 벌이는 그녀의 변덕스러움은 가히 예술의 경지! 그녀는 교태를 부리며 그를 유혹하다간 결정적인 순간에 꼭 오리발을 내민다.

"오, 마티유. 오늘은 기분이 바뀌었어요."

"이곳이 마음이 들지 않아요."

"당신은 나를 돈으로 사려는 건가요?"

교묘히 몸을 피하면서도 꼭 영원한 사랑 고백은 잊지 않는다. 그런 식으로 끝까지 남자에겐 '처녀'로 남는 콘치타. 마티유는 있는 대로 화가 치밀지만 그래도 꾹꾹 참으며 다음 기회를 노린다.

그런 '징한' 과정들을 거치며 '정말 내가 사랑에 빠진 것은 아닐까?' 라는 낭만적인 착각에 빠져보기도 하고 말이다. 그런 모습이 안쓰럽고 고소하기도 하다.

사랑에는 이렇듯 엄연한 권력 구도가 있고 두 사람은 철저히 그 주종 관계에 따라 움직인다. '아쉬운 사람이 인내하고 따르라.' 그것은 만고불변의 진리다. 상대가 제 아무리 여우처럼 굴어도 결국 아쉬운 쪽이 끝까지 참아 내야 한다. 마티유가 콘치타에게 그랬듯이.

한데 콘치타의 역할을 꼭 여자만 하란 법도 없다. 그녀를 젊은 남자로, 중년남 역할을 여자로 바꾸어 놓고 상상해도 전혀 어색하지 않다. 변덕스럽고 매력적인 요즘 남자들은 영화 속 콘치타와 많이 닮아 있다. 예전엔 터무니 없게도 '남자는 이래야 해' '여자는 이래야 해' 식의 편짜기 게임에 휩싸이기도 쉬웠다. 하지만 요즘은 누구도 그런 것들에 개의치 않는다. 화려한 옷, 귀여운 액세서리, 컬러풀한 구두, 예쁜 인형 등에 열광하는 남자들을 쉽게 볼 수 있는가 하면, 묵직한 카메라를 어깨에 매고 현장으로 떠나는 씩씩한 여자들도 흔한 세상이다. 따라서 콘치타는 여자이면서 동시에 남자일 수 있다. 그렇게 생각하면 상대방이 훨씬 잘 보인다.

아름다운 백조를 찾아라

　‘여우 남자’를 만나기 시작한 건 약 10년 전, 아니 어쩜 그보다 훨씬 전이었을까? 그들의 존재를 알아챈 게 그때쯤부터였다고 말하는 게 정확한 표현이겠다. 뭐든 아는 만큼 보이는 거니까.

　내가 만난 그는 30대 초반의 꽤 잘 알려진 소설가였다. 업무상 미팅으로 그와 대면할 기회가 있었는데 내성적인 듯하면서도 사람을 당겼다 놓았다 하는 유머 감각이 일품이었다. 덕분에 비공식적인 인터뷰 내내 탄력 있는 대화로 매우 즐거웠다. 그는 자기 영역을 고수하면서도 냉정하다는 느낌을 주지 않았고 요란하게 다가서지 않으면서도 친밀감을 느끼게 만들었다.

　언젠가 내한 공연했던 「백조의 호수」를 기억하는지? 연출가 매튜본이 창조해 낸 백조들은 전통적 의미의 ‘가녀리고 섬세한’

여성 이미지와는 거리가 멀다. 무대 위 백조들은 몽땅 근육질의 남자 무용수들로 채워졌고 관객들은 그 모습에 매료되었다. 특히 두 명의 메인 백조들은 교태를 부리다 어느 순간 거칠게 변하기도 하는데, 이런 예측 불가능한 모습이 손에 땀을 쥘 만큼 황홀했다. 저 섬세한 근육들, 눈 앞에서 분수처럼 떨어져내리는 땀방울들…. 저런 멋진 남자라면 비록 그가 위협적이라 해도 기꺼이 속아 넘어가 줄 수 있을 텐데.

둘러 보니 공연장을 가득 메운 관객들 대부분이 여자들이었다. 예전 여자들은 백마 탄 왕자를 기다렸는지 모르지만 지금은 아름답고 유혹적인 백조를 기다린다. 아니 그들을 바지런히 찾아나선다. 아, 털 달린 하얀 솜사탕 같은 바지를 입고 기막힌 맨몸으로 하늘을 나는 백조!

에두아르트 푹스Eduard Fuchs의 유명한 저서 『풍속의 역사, 색의 시대』를 읽다가 흥미로운 부분을 발견했다. 18C 프랑스의 절대 왕정은 퇴폐기로도 불릴 만큼 귀족과 서민들은 성적으로 매우 문란했다. 특히 귀족 계층은 자신들의 어마어마한 특권을 쾌락, 놀이, 연애 등으로 소모했는데 특히 연애는 그들에게 최고의 쾌락이자 기막힌 연기였다! 누군가 순정에 대해 언급할라치면 다들 코웃음쳤다. 남녀 모두 서로를 유혹하는데만 전념했다.

이때 그들이 이상적으로 생각했던 매력의 기준이라는 게 재미있다. 그 직전의 르네상스 시대에는 건강하고 풍만한 몸이 떠받들여졌지만 귀족들이 우아한 놀이에만 집중하게 된 절대 왕정기에는 부드러운 곡선, 인공적인 치장이 더욱 중시되었다. 또 몸의 전체적인 비례보다는 가슴, 다리, 허리 등 각 부위의 부분적인 모양에 더 집중하게 되었다. 이에 따라 남자들도 근육이 불거지는 몸보다는 부드럽고 우아한 곡선으로 치장하는 걸 선호했다. 심지어 여자들이 얼굴에 바르던 흰 분과 애교점까지 남자들이 흉내 낼 정도였다.

그러고 보니 요즘 사람들과도 공통점이 있다. 비록 시대적인 배경은 다르지만 과거나 현재나 연애가 테크닉 위주로 흘러가는 경향이라는 것이다. 진심을 담백하게 전하기에 '연애계'는 너무 경쟁적이며 세속적인 공간이 되어 버렸다. 젊은 남녀들은 관련 노하우를 입수해서 자신의 매력을 이성에게 설득력 있게 알리려고 한다.

특히 여자들의 잠재력이 재평가받는 과정에서 남자들도 이에 질세라 자발적인 변화를 모색하고 있다는 점은 주시할 만하다. 18C 남자들이 그랬던 것처럼 자신들도 곧 새로운 포지션을 찾아 내야 할 필요성을 느낀 것이다. 물론 그 질적인 내용은 과거와 차원이 다르다. 그 시절 남자 귀족들은 주로 '외모'에 치중해 변화를 모색했지만 현대의 남자들은 보다 자유롭고 덜 지루한 삶을 위해 움직인다.

지구상 어딘가엔 치마를 즐겨 입는 남자들의 모임도 있다지?

그들은 여장을 시도하는 것이 아니라 그저 "치마가 이렇게 편한데 여자들만 입으란 법 있나요" 하는 식의 발랄함으로 시위하는 것이다. 기분 좋게 끌린다 싶으면 고리타분한 기존의 성 영역 따윈 가볍게 무시해 버린다. 그야말로 '구김살 없는' 변화랄까. 멋져! 이젠 여자들도 좀더 큰 맥락에서 그들을 파악할 필요가 있다.

마지막으로 재미있는 사실 한 가지! 절대 왕정 퇴폐기의 최고 연애 모토는 뭐였을까?

'최선을 다 하라'

즉 최선을 다해 쾌락을 즐기라는 의미. 훗훗. 이 뻔뻔스러운 한 줄짜리 구호는 당시 귀족들의 침실마다 걸려 있었다고 한다. 해석만 살짝 달리해 주면 현대의 연애 모토로도 손색 없을 것 같다. 최선을 다해 서로를 이해하라. 최선을 다해 사랑을 향유하라. 여우 남자를 이해하는 일도 그 과정의 일부가 될 것이다.

여우 남자의 다양한 매력을 알려면 평소 매력에 관한 '모험적인 발상'을 습관화해 두는 것도 좋다. 사람들을 바라보며 저마다 다른 매력에 대해 음미해 보는 것이다. 그리고 이런 생각들을 모아 두툼한 '1인용 매력 사전'을 만든다고 생각해 보자. 다음은 내 개인적인 매력 사전의 일부다. 부끄럽지만 살짝 공개해 본다.

매력은 초콜릿 조각 매력은 여기저기 흩뿌리는 초콜릿 조각 같은 것이다. 가만히 보면 바람둥이들은 결정적인 고백은 아니지만 '은근히 노골적인' 유혹의 조각들을 여기저기 흘리고 다닌다.

확실한 프러포즈나 데이트 신청도 아닌, 그저 "생각나면 연락해요" "당신을 보니 여기 오길 잘했단 생각이 드네요" "그리울 거예요" 등 누가 듣기에도 솔깃한 말만 남긴다. 그런 조각들을 많이 흘리면 흘릴수록 그는 많은 여자들에게 사랑받는다. 그녀들은 각자 유리한 대로 해석할 것이다.

'그가 내게 방금 고백한 거야? 내게 반했다고? 우와, 우린 사랑에 빠졌어!'

그러니까 보이지 않는 마지막 조각은 결국 자기 자신이 원하는 대로 맞추는 것이다. 이거야말로 바람둥이들이 원하는 마무리! 이것은 바람둥이들이 매순간 벌이는 완전 범죄다. 비록 내가 나중에 그 진실을 알아 차려도 대놓고 잘못을 추궁할 수 없는 바로 그 이유이기도 하다. 오, 이거야말로 선천적 매력의 소유자들만 구사할 수 있는 항목이 아닌가! 나로선 자못 부러울 따름이다. 흑.

말괄량이 삐삐 매력에 대한 세상의 편견은 내가 짐작하는 그 이상으로 지독하다. 매연처럼 너무 익숙해져 버려 미처 못 느낄 뿐이다. 우아한 척 하는 '통조림표' 신사 숙녀들이 너무 많다. 그들은 창조적인 척 하면서 실은 무난한 것만 찾는다. 반면 말괄량이 삐삐의 좌충우돌 캐릭터를 보라. 얼마나 짜릿한가. 그애는 온몸으로 당돌한 질문을 던지고 있다.

"그건 왜 그렇죠? 왜? 왜? 왜요? 메롱!"

아, 사랑스러워. 가지런히 접힌 냅킨 모양으로 살고 싶진 않다.

매력은 카드 게임 매력은 다소 비밀스러운 뉘앙스를 풍길 때 더욱 배가된다. 보일 듯 말 듯 표정은 감쪽 같이 숨기고 카드 게임을 즐기듯 승부를 건다. 단번에 모든 걸 보여주지 않는다. 그러면 상대는 더욱 그 게임에 빠져들 것이다. 아, 고 난이도라서 썩 실용적이진 않다.

매력은 덩어리 매력은 구체적으로 물컹 잡히는 그 무엇이다. 그래서 저 사람은 뭐가 뛰어나지, 어떤 걸 좋아해, 쟤랑 어울리면 이런 점이 즐거워, 하는 식으로 무언가를 떠올리게 만든다. 그만의 확실한 특징. 흐리멍덩한 것들은 별 쓸모가 없다. 몇 가지 확실한 것에 집중하는 게 좋겠다.

매력은 뒤집기 익숙하던 것들을 살짝 뒤집으면 때로 그것이 매력이 되기도 한다. 부침개 뒤집듯 열심히 뒤집어 볼 테다. 다만 넘치지 않도록. 틀에 박힌 일상의 우물에서 예측 불가능한 즐거움들을 길어 올릴 정도로만!

매력 없는 사람들의 5가지 공통적인 실수

세상의 기준에 쉽게 굴복한다 (비굴하다!)

반성에 인색하거나 지나치다 (주제 파악을 못한다!)

콤플렉스를 인정하지 않는다 (겁쟁이!)

잘못된 모델만 좇는다 (개성을 고려하지 않은 롤모델!)

감각 연마에 소홀하다 (마음만 급하다!)

세헤라자드를 벤치 마킹하라

요즘 남녀 문제 관련 잡지의 조언, 노하우들, 방송 프로그램을 보면 새삼 떠오르는 인물이 있다. 다름 아닌 『아라비안나이트』의 세헤라자드. 그녀는 포악한 왕의 손아귀에서 살아남기 위해 매일 밤마다 이야기를 지어 냈다. 그것도 1001일씩이나!

그녀의 상황을 구체적으로 재생해 보니 그 교묘함과 재주가 보통 아니었다는 생각이 든다. 생각해 보라. 아무리 난폭한 왕도 멍청이가 아닌 이상, 상대가 하루이틀도 아니고 무려 1001일 동안 이야기의 마무리를 미루며 "다음 이 시간에…" 하는데 그 속셈을 모를 리가 없었을 것이다.

"너 살아남으려고 그 따위 수작이지?"

그렇게 쉽게 추궁할 수도 있었다. 하지만 왕은 순순히 그녀의 뜻대로 따른다. 왜? 그녀가 워낙 이야기의 기승전결을 완벽하게 구성해 왕의 호기심을 단단히 붙들어 맨 덕분이다. 내일은 과연 어떤 이야기가 펼쳐질지 궁금해 못견디게끔 그녀는 슬며시 '예고편'까지 흘려 두었을 것이다. 약 오른 왕은 "쳇, 빨리 내일이 왔으면 좋겠군" 하고 투덜 대며 간신히 잠을 청했을 것이다. 그녀야말로 대단한 유혹자요 권력자였던 셈이다.

오늘날 커플들 사이에도 그런 아슬아슬한 권력 구조는 여전히 존재한다. 매력적인 존재로 '살아남기 위한 게임'도 끊이지 않는다. 즉 우린 그 어느 때보다 세헤라자드의 치밀한 전략과 거부할 수 없는 매력을 필요로 하는 시대에 살고 있다.

한데 요즘 쏟아져 나오는 노하우로는 절대 세헤라자드의 막강한 유혹법을 따라잡을 수 없다. 절박한 생존 욕구와 기막힌 창의력이 범벅된 그녀의 이야기엔 힘이 있었다. 반면 당신이 솔깃해하는 '연애 기술'들엔 흐름도, 개연성도 없이 효율을 위한 테크닉과 작전만 난무한다. 어쩜 이 책의 내용도 모르는 사이 그런 전철을 밟고 있을지 모른다. 원하는 걸 빨리 얻고 싶어 하는 현대인들의 욕망이 그런 웃기는 '조제

비타민’ 들을 만들어 내고 있다.

세상이 권태로울수록, 그래서 모두들 변덕과 욕망에 충실해질 수록 세헤라자드의 지혜는 더욱 요긴하다. 당신도, 나도 언제 그 포악한 왕의 칼날에 목숨을 잃게 될지 모른다! 늦기 전에 그녀를 벤치 마킹해야 할 텐데 성공하면 부디 내게도 아이디어를 나눠 주기를!

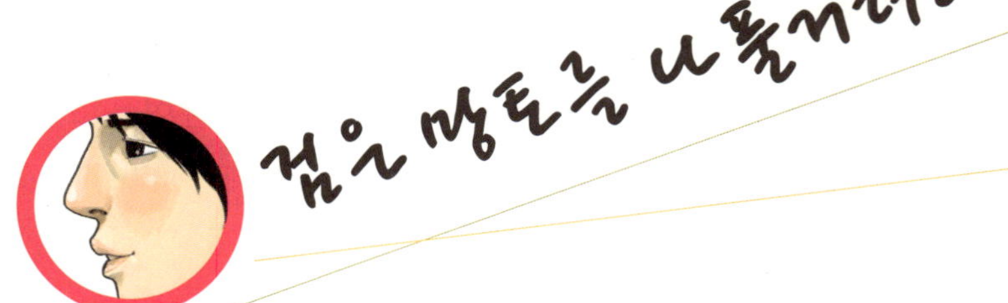

　최근 주목을 끌었던 드라마 「안녕, 프란체스카」를 기억하는가? 가족으로 위장한 동유럽의 흡혈귀들이 우리나라에 와서 오만 가지 해프닝을 만들어 낸다는 내용이었는데, 그중에 엉뚱한 커플이 탄생했다. 두일과 프란체스카가 바로 그 주인공. 연애 초반에 보여준 두 사람의 밀고 당기기는 꽤나 인상적이었다. 너무도 다른 두 사람이 무섭게 으르렁거리다가 서서히 서로에게 매혹되어 가는 과정이 사랑스러웠다. ‘서로 다르다’는 건 그만큼 또 하나의 강력한 매력 포인트가 되기도 한다.

　당신도 프란체스카처럼 있는 그대로의 모습을 검은 망토처럼 나풀거려라. 자신의 모습을 당당히 과시하며 그를 매혹하라. 직접적인 잔소리보다는 이렇게 그가 당신의 모습을 보고 저절로 이끌려오게 만드는 게 효과적이다. 여우 남자인 그는 꽤나 고집스러운 편이지만 스스로 어떤 것에 매혹 당하기 시작하면 그땐 아무도 못 말린다! 즉 누구보다 왕성한 흡수력으로 재빨리 당신이 원하는 모습으로 변신할 것이다.

완벽주의자의 사랑법에 대해 이야기해 보자. 이미 완벽한데 뭘 더 완벽할 수 있겠냐고? 바로 그게 문제다. 당신이 완벽하다는 것. 이건 객관적인 평가가 아니라 스스로 느끼는 정도를 표현한다. 너무 너무 완벽해서 어느 누구로부터도 도움을 원치 않는 것. 매사 똑 부러진 자기만의 원칙을 고수한다는 것.

추운 날 데이트를 하면 당신은 그야말로 완벽하게 중무장하고 나온다. 상대가 손을 잡을 수도 없게 단단한 보온장갑과 목도리를 구비한 채로. 쇼윈도의 뭔가를 살펴보던 남자 친구는 잠깐 고개를 들자 이미 당신이 사라졌음을 알게 된다.

잠시만 긴장을 늦추어도 당신은 저만치 앞장 서서 가고 있다. 뭐가 그리 바쁜지, 당신은 시계바늘처럼 재각거리는 소리를 내며 정확한 보폭으로 종종 걸음을 걷는다. 로맨틱한 석양을 받으며 언덕길을 걸어 올라갈 때조차 당신은 분주한 눈빛으로 말한다.

"여긴 이렇게 가야 더 빨라. 이쪽이 맞는 길이야."

남자 친구는 마치 인간 네비게이터를 바라보는 기분으로 맥 없이 당신을 쫓아다녀야 한다. 아, 기다리고 또 기다리던 식사 시간. 근처

식당에서 음식을 먹던 당신은 새로운 사실을 발견한 듯 살짝 양미간을 찌푸린다. 그리곤 그에게 방금 떠오른 내용을 떠들어 댄다.

"우웅, 생각보단 별로다. 그치? 하도 유명해서 기대했는데. 분위기도 별로구. 성북동에 있는 어디 어디에서 먹는 게 더 맛있어. 진짜 매니아들은 거기 아님 안 가거든. 담엔 거기 가자. 서비스도 그렇구, 여러모로 오늘 완전 실망이네."

"그래? 내가 그런 거 잘 모르잖아. 그냥 괜찮은 것 같다고 생각했는데…. 암튼 알았어. 네 말이 맞겠지 뭐. 그래도 우리 맛있게 먹자. 응?"

지나는 차들도 안 보고 휙휙 건널목을 가로지르는 당신을 위해 그가 조심스럽게 손을 잡아 준다.

"앞길 잘 보고 가. 걱정돼 죽겠어."

"내가 좀 원래 이래. 알았어. 조심할게!"

당신은 은근슬쩍 그의 손을 뿌리치고 저만치 앞으로 뛰어 가버린다. 마치 '네가 날 어린애 취급하는 건 싫어'라고 말하는 듯이. 남자 친구는 조금 섭섭한 기분이 된다.

한 가지 일에만 집중하는 건 완벽주의자들의 맹점이다. 자기 감정이 편해지는 데만 몰두하느라 정작 남의 입장은 신경도 안 쓴다. 당신은 비록 상대를 위해 미리 야무지게 준비한 거라고 말하겠지만 실은 오로지 자신을 위해 그렇게 한 것이다. 그는 당신과 만나면 아무것도 해 줄 일이 없을 것이다. 이미 모든 것은 당신 머릿속에 있으므로.

이런 방식은 그를 오히려 피곤하게 할 뿐이다. 사랑은 받는 것뿐 아니라 배려하고 가꾸어 주는 가운데 커지는 법인데 당신은 도통 그에게 기회를 주지 않았다. 왜? 알지 않나? 혼자만 너무 완벽해서! 그런 당신의 모습에 남자 친구는 서서히 지쳐갈 것이다.

다음부턴 이렇게 하면 어떨까. 그가 당신을 위해 이런 걸 사 줘야겠다, 채워 줘야겠다, 하고 느낄 만한 아이템을 매주 혹은 보름마다 최소한 한 개씩 생각해 두는 것이다. 즉 그가 "뭐 도울 거 없어?" 하고 묻기 전에 미리 근사한 아이템을 물어다 준다! 그가 부담 없이 당신을 위해 기꺼이 해 줄 수 있는 뭔가를 마련해 두라는 것.

매사 혼자 해결해 오던 당신이 도움을 청하면 내심 그도 뿌듯해 할 것이다. 이에 보조를 맞추어 당신도 마음의 단추를 하나씩 풀어라. 천천히, 천천히, 너무 속 보이지 않을 정도로만. 물론 이걸 상습적으로 악용하는 사람들에겐 새똥 한아름! '너무 너무 완벽해서' 데이트 때도 빈틈 없이 자신을 꼭꼭 채우고 나가는 당신만을 위한 처방이다.

사랑은 상대를 위해 알면서도 모르는 척 해 주는 것, 그가 한껏 즐거워하며 설명해 주면 몇 번이고 처음 듣는 것처럼 맞장구쳐 주는 것, 이미 갖고 있으면서도 "그래, 이건 내게 딱 필요했던 거야!"라고 기뻐하는 것, 기꺼이 사랑스런 오답도 보여주는 것, 바로 당신에게 필요한 것들이다.

입체적인 인맥을 만들어라

언제까지 그의 전화만 기다리며 안절부절하느니 나만의 친구들을 늘리면서 인생을 즐기는 게 백 배 낫다! 매력도 쑥쑥 늘리고 아울러 진한 국물맛 우러나는 '속 깊은 친구' 리스트도 채워 보고. 물론 친구들을 연애 틈틈이 생기는 공백을 메꿔 줄 대안으로 보면 곤란하다. 당신의 인생을 지탱해 줄 최고의 재산 목록으로 가치 있게 다뤄줘야 한다.

한데 사람들은 우정에서도 대개 '안전' 위주의 노선을 따르는 경향이 있다. 대부분 자신과 성향, 자라온 환경이 비슷하다. 대신 다음과 같은 경우는 멀찌감치 피해 간다. 즉 나 보다 잘난 친구, 성격이 달라 부담스러운 친구, 튀는 친구. 평화주의자인(?) 당신의 정신 건강을 해치기도 쉬우니까 미리 사양해 버리는 것? 으흠. 매사 그런 식인 당신은 소수의 '측근' 몇 명만으로 인생 대부분을 연명할 것이다. 이는 채식주의자가 고기를 거부하는 것과 같은 심리. 내 몸에 좋은 것, 내 마음에 편한 것만을 취하겠다는 생존 본능이라고 볼 수 있다.

이는 편식만큼이나 위험한 태도다! 세상엔 사람도 많고 따라서 더불어 누릴 수 있는 스타일도 각양 각색인데 '오직 한두 명' 하고만? 프로그램만 쓰윽 따져 봐도 너무 억울한 일이다. 또 몇 명에게만 신경이 집중되어 있으므로 그 사이에 벌어지는 작은 일들에 당신은 지나치게 민감해져 버릴 수 있다. 남자 친구에게 조심하려던 불똥이 친구에게 튀어 버린 셈! 연애와 마찬가지로 우정에서도 폭넓게 안테나를 펼쳐 두어야 한다. 그렇지 않으면 당신의 면역력은 급격히 약해질 수밖에 없다.

다음은 당신에게 꼭 필요한 '속 깊은 친구들' 이다.

게이 같은 이성 친구 분야별 이성 친구를 두면 정말 쌈빡하겠지만 일단 현실을 고려해 한두 명쯤 목표로 하자. 모임이나 소개팅에서 만났는데 이성으로는 별 '삘' 이 안 꽂히더라고? 아깝게 그냥 스쳐보내지 말고 적당한 비밀, 요리, 쇼핑, 비즈니스, 재테크, 정치 등을 함께 논할 친구로 활용해 본다. 든든한 개인 논객을 이성 친구로 두는 게 어디 쉬운 일인가 말이다! 이건 정말이지 삼계탕 몇 그릇 뚝딱 해치우는 것보다 훨씬 영양가 있는 일이다. 나아가 서로의 성적 매력에 대한 쏠쏠한 조언까지 스스럼 없이 거드는 사이로 발전한다면 그야말로 최상 등급의 우정이랄 수 있다.

조심! 친구도 애인도 아닌, 다시 말해 친구로도 애인으로도 별 쓸모 없는 어정쩡한 관계라면 권하고 싶지 않다. 애인으론 어려우니 친구로라도 그의 곁에 머물겠다는 은밀한 속셈 혹은 애인이 없을 때나 긴요해지는 '심심풀이 땅콩' 같은 우정이라면 면밀히 따져 본 후 '자진 반납' 하길 바란다. 정리 안 된 어수선한 관계는 없느니만 못하다.

씩씩하고 공정한 동성 친구 씩씩하고 추진력 있어서 늘 만나면 자극이 되고 즐거워지는 동성 친구. 많으면 많을수록 좋다! 일상의 고민을 나누는데 그치지 말고 가급적 새로운 도전 의식, 긴요한 정보, 나아가 소중한 자신의 인맥까지 기꺼이 나눌 수 있는 친구들이 필요하다. 또 질투로 쉽게 기우뚱하지 않고 재치 있는 감탄사와 뜨끔한 직언을 번갈아 소스처럼 뿌려 주는 친구가 좋다. 물론 당신 또한 그들에게 그래 줘야 하고.

조심! 직언이랍시고 사사건건 트집이나 잡고 흥을 깨는 유형은 피하자. 칭찬과 직언 모두 두려워 하지 않는 진정한 친구라면 정말 매서운 조언을 할 때조차도 센스 있게 당신을 웃게 만들 것이다. 용기, 스케일, 배려, 위트, 품위를 모두 지닌 그런 친구를 구하기란 쉽지 않다.

즐거움을 함께 나눌 만한 놀이 친구 전시, 공연, 클럽 파티, 여행, 식도락 등 함께 여가를 즐길 수 있는 분야별 친구들을 만들어라. 한두 명의 친구들과 돌아가며 만나는 대신 다양한 분야별 마니아들을 스스럼 없이 내 곁으로 영입해 본다. 이건 평생을 걸쳐 신경써야 할 부분. 나 또한 그들에게 무언가 신나는 것을 전수할 준비가 되어 있어야겠다.

조심! 새로운 분야의 친구들을 만날 때 처음부터 성급하지 말길. 만날 때마다 적당히 그 자리를 즐길 만큼만 묻고 나누고 그런 다음 상큼하게 헤어지는 것을 반복하라. 그러다 보면 몇 명쯤 지속적으로 우정을 나눌 만한 사람들이 자연스럽게 생길 것이다.

근사한 인생 조언을 들려줄 남녀 선배 너무 많은 걸 빨리 알 필요는 없다. 하지만 삶의 코너마다 앞길이 확실하지 않을 때 경험 있는 선배들의 이야기에 귀를 기울이는 건 필요하다. 반드시 커리어나 재테크에 관한 '잘 나가는' 조언을 해 주는 분들이 아니어도 좋다. 그런 건 다른 정보 매체들을 통해서도 넘칠 만큼 얻어 낼 수 있다. 대신 두려움으로 얼어 있는 당신의 마음을 살살 녹여 주고 조심스럽게 결정한 내용에 확신을 실어 주는 역할을 해 준다면 그것만으로도 충분하다.

조심! 무조건 받기만 해서는 안 되는 거, 알지? 신선한 토픽, 근사한 바, 산책하기 좋은 공간 등을 알아 둔 다음, 순발력 있는 프로그램을 마련하라. 무엇보다 '난 어리니까…' 하는 얌체 같은 생각은 버리고 그분들과 대등하게 어울려라. 그렇다고 필요 이상으로 의젓한 척 할 필요는 없지만.

나보다 다섯 살 이상 어린 친구 20대 후반 이상이 되면 슬슬 나보다 다섯 살 이상 어린 친구들과 어울리는 일에도 신경써야 한다. 머리가 크면 자연스럽게 다양한 연령대와 어울릴 기회도 줄어들 뿐 아니라 관심도 식기 때문. 또래 친구들과 편안히 어울리는데 스스로 길들이다 보면 새로운 일을 받아들이는데 급속히 둔감해져 버린다. 신기한 것들, 낯선 트렌드에 호기심보다는 두려움부터 느끼게 될 것이고…. 나날이 어려지는(?) 당신의 정신 연령을 더욱 근사하게 갈고 닦기 위해서라도, 어린 친구들과 지속적인 우정을 유지하라.

조심! 일껏 어울린다면서 '난 선배야' 하는 식으로 거드름을 피우거나 부담만 팍팍 준다고? 어이, 민폐 그만 끼치고 불쌍한 애들이나 풀어 주시지.

역할 모델로서의 친구 몸매가 빼어난 친구, 늘 밝은 웃음으로 뚱한 내 표정을 부끄럽게 만드는 친구, 유머 감각 만점으로 언제나 친구들 사이에 둘러싸여 있는 친구, 유난히 얼굴이 어려 보이는 친구, 운동 감각이 뛰어난 친구, 다른 사람들을 섬세하게 배려할 줄 아는 친구, 요리를 잘 하는 친구, 패션 감각이 남다른 친구…. 당신보다 어떤 분야에선 확실히 뛰어난 그 친구들을 두려워 말기를! 곁에 두고 하나씩 즐거운 마음으로 벤치 마킹하라. 정신 건강을 위한다는 비굴한 명목으로 내 인생에서 그들을 영구 제명 시키지 않아도 지구는 열렬히 돌아간다! 그들 곁에서 반응하고 비교도 되고, 조금씩 자극받다가 차츰 그 다양한 면면들을 상쾌하게 배워 나가며 스스로를 경쟁력 있게 만들라. 이렇게 해서 자신에 대해 알아가는 과정이야말로 그들과의 긴장감 넘치는 우정에서 얻는 최고의 선물이다.

조심! 질투하고 자책하고 그들을 세상으로부터 이간질하는 데 에너지를 퍼부을 요량이면 아예 관계를 시작하지도 말라.

당신도 냉큼 그를 업어라

오래 전 한 CF를 보다가 난 무릎을 쳤다.

'으헛, 저런 것도 괜찮은 걸!'

주인공은 누군가를 열심히 등에 업고 다닌다. 지하철에서도, 농구할 때도, 횡단보도를 지날 때도 정체 불명의 그녀를 등에 찰싹 붙이고 다닌다. 또 덩치가 꼭 멀티 플렉스 극장만한 어떤 남자는 거꾸로 생수병처럼 아담한 여대생 등에 업혀 황홀한 표정을 짓는다.

요즘은 다들 애인을 목에 안 걸치고 등에 업고 다니는구나! 다행히 업은 사람도, 업힌 사람도 표정이 가뿐해 보인다. 일정 금액만 내면 커플끼리 무제한으로 말, 문자, 사진 등을 주고 받을 수 있다는 새로운 서비스를 표현한 광고였다. 만날 때도, 헤어질 때도 쿨하지만 붙어다닐 땐 또 확실히 착! 따뜻한 장갑 한짝만 있어도 바랄 게 없다고 생각했는데 쟤네들은 24시간을 저렇게 감싸안고 다닌다고.

그걸 보니 문득 영화 「조제, 호랑이 그리고 물고기들」이 떠올랐다. 주인공 '조제'는 태어날 때부터 하반신을 쓸 수 없는 소녀다. 또래 동네 친구 '츠네오'와 사랑에 빠진 그녀는 오래된 휠체어가 고장나자 정말로 저 CF처럼 한동안 그의 등에 업혀 다닌다. 생전 처음 바닷가에 가서 반짝이는 조개 껍질도 주워 보고 남자 친구의 발에 감기는 파도의 촉감도 상상해 본다. 하지만 그녀를 업고 있는 츠네오는? "저건 뭐야?" "여기 좀 가 봐" "저쪽에 뭔가 있어"라고 쉴 새 없이 소리치는 호기심 왕성한 그녀 곁에서 지쳐간다. 그녀를 깊이 사랑하지만 설레는 감정과는 별도로 그녀와 늘 붙어 다녀야만 하는 현실은 고단했던 것이다.

그 CF 속의 연인들도 그럼 이 두 사람처럼 피곤함을 느낄까? 그래서 곧 헤어지게 될까? 글쎄, 좀처럼 그럴 것 같지는 않다. 최소한 한쪽이 다른 한쪽을 위해 커플요금만 연체하지 않는다면 아무 문제 없을 것이다. 그저 문자로, 사진으로, 목소리로 계속 즐겁게 사랑을 속삭이면 된다. 누군가 직접 업는 대신 연인에게 제공할 서비스란 이처럼 무궁무진하니 말이다!

츠네오는 왜 진작 이런 생각을 못했을까? 커플요금제부터 가입할 것이지 무모하게 그녀를 진짜로 업을 생각을 하다니! 연인에게 생색 내는 방법을 너무나 잘 알고 있는 요즘 여우 남자들의 '쿨한' 노하우부터 가르쳐 주고 싶다.

하지만 말은 이렇게 해도 어쩐지 난 츠네오가, 또 조제가 부럽다. 줄창 업고 업히느라 땀도 많이 흘렸겠지? 상대의 숨소리도 생생하게 느꼈겠지? 그런 그들도 결국 헤어져야 했으니 어쩜 그들도 다른 연인들과 다를 바 없다고 생각할지 모르겠다. 하지만 인생의 한 순간 그렇게 온힘을 다해 업고 또 업히고…. 살아가며 맞닥뜨리는 추위를 견디기에 이보다 더 멋진 방법은 없을 것 같지 않은가?

크고 작은 거짓말로 인해 빚어지는 트러블쯤은 피하지 말고 느긋하게 맞장뜨 주자. 어차피 '지루한 곰' 보다는 '스릴 넘치는 여우' 와의 연애를 고집하지 않는가?

다음은 꽤 심각한 거짓말 애인을 만난 경우 벌어질 수 있는 황당 사례만 모은 것이다. 이게 몽땅 한 사람한테서 나온 말이라는 거, 믿어지는가?

황당 사례 1 "어쩜 좋아. 그 사람, 알고 보니 유부남이었대!"

황당 사례 2 "잡아떼더니 글쎄, 오래된 애인이 있더라고."

황당 사례 3 "기가 막혀, 그 인간 문어 다리였던 거 있지! 어쩜 감쪽 같이."

연애엔 함정도 많다. 박력 넘치는 밀고 당기기 게임을 지나 뻔뻔한 위장술과 사기 행각으로 버티는 변태 커플들도 널렸다. 그런 난감한 지뢰들을 피하려고 아예 연애를 그만 둬야 할까? 이런 꼴 저런 꼴 보기 싫다면 말이다.

물론 지구의 평화와 안정을 위해서라면 사실 그것만큼 확실한 방법도 없다. 하지만 그건 소화 불량을 염려해 밥을 굶는 것처럼 웃기는 짓이다. 애초에 당신이 원한 건 그런 '시시한' 평화와 안정 따위가 아니었을 테니까.

혼탁한 거짓말들로 '오염 변수'가 최대치로 늘어난 세상. 어차피 둘이 함께 쳐놓은 먹이사슬의 긴장감을 유지하기 위해서라도 하루 한번쯤 거짓말 복용은 불가피할 것이다. 그렇게 생각해 버리면 오히려 마음이 편해진다. 물론 이건 상대의 뻔뻔한 거짓말들을 용인해 주자는 말은 아니다. 치졸한 거짓말의 희생양이 되지 않고 오직 튼튼하게 잘 살아남자는 말씀! 매일 먹는 밥, 포기할 수도 없는 것 아닌가?

똑똑하다고 스스로 믿는 여자들일수록 허점이 많다. 어쩜 당신도? 빳빳한 자긍심과 달리 그녀들은 인간 관계에서 사소한 일로 자주 타박상을 입는다. 그리곤 곧잘 두려움에 휩싸인다.

'난 더 이상 그를 사랑하지 않아. 마음 약하게 먹지 마. 분위기에 휩쓸리지 마.'

'그는 널 사랑하지 않아. 그럴 리 없어. 흔들리지 마.'

그렇게 양면으로 불철주야 방어하면서 진지하게 다가오는 남자들까지 의심하고 애써 거리를 둔다. 그리고 그들에게도 자신의 믿음을 주입시키려고 한다.

"그건 당신이 날 잘 몰라서 그래요. 어서 꿈 깨세요."

순한 곰 같던 남자는 혼란과 절망에 휩싸인다. 그러다 곧 직접적인 대쉬는 효과적이지 못하다는 사실을 깨닫고 좀더 머리를 써서 접근하기 시작한다. 당신의 견고한 껍질을 깨기 위해 그는 여우로 '변태' 하는 것이다! 태생부터 여우인 남자들이 있는가 하면 이렇게 후천적으로 모습을 바꾸는 남자들도 있다.

당신은 뒤늦게 그런 그를 보고 '음, 뭔가 달라졌어' 하고 고개를 갸우뚱할 테지만 정확히 어디서부터 왜 그렇게 된 건지는 도무지 알 수 없을 것이다. 그도 그럴 것이 당신은 잘난 척 하느라 내내 자신 안에만 갇혀 지냈기 때문이다! 바깥 사정이 어떤지, 누가 미끄러지는지, 코를 박는지, 관심 있을 턱이 있나? 하지만 그러는 동안에도 그는 변신을 거듭한다. 곰에서 여우로 꿈틀꿈틀! 당신이 무심코 떨군 말들의 여파가 여기까지 미치는 것이다. 똑똑한 당신은 미처 헤아리기 어렵겠지만.

배우들이 무대에서 호흡을 맞추듯 인간 관계도 상대방의 반응에 따라 서로 다른 에너지를 주고 받는다. 당신이 긍정적인 제스처를 보이면 그도 곧 당신을 기꺼이 존중할 것이다. 반면 불안하고 의혹에 찬 눈빛으로 대하면 그 역시 껄렁한 눈초리로 응대할 것이다. 비록 당신은 스스로를 방어하는 만큼 타인에겐 눈꼽만큼도 해를 끼치지 않았다고 주장하고 싶겠지만.

날렵한 여우로 변해 버린 그에 대해선 어떻게 해명할 것인가.

새롭게 변모한 그가 이젠 당신이 그토록 싫어하던 '얍삽한 작업'
을 걸어온들, 더 이상 거들먹거리며 투덜 댈 입장도 못 된다. 그러
게 순한 곰일 때 잘 하라니깐. 그래도 아주 늦은 건 아니다.

'궁극의 맛'에 도전하라

맛있는 치즈 케이크를 고르고 난 후엔 그야말로 오랫동안 몽롱한 기분에 젖게 된다. 그윽한 향이 주변을 내내 아른거리고 부드럽게 녹는 감축은 혀에 유혹적으로 들러붙는다. 기막힌 카페라떼를 마시고 난 후에도 입안에 환상적으로 감겨오는 우유 거품, 절묘하게 배합된 원두 맛은 온몸의 세포를 몇 번씩이나 넉다운시킨다.

수많은 치즈 케이크를 먹고 또 그만큼의 카페라떼를 주문해 보지만 정작 이런 황홀한 경험은 매우 드물다. 그래서 난 "커피는 조금, 우유거품은 많이요" 하는 식으로 까다로운 후렴구를 칭칭 감아 첨부한 뒤, 마치 복권 당첨을 기다리듯 두근대는 심정으로 끝까지 마음을 놓지 못한다.

'결정적인 한방'의 만남 혹은 연애도 이와 비슷하다. 머리로는 제 아무리 꼼꼼한 체크 리스트를 짜고 '안전'을 위해 이리저리 재

보기도 하지만 결국 완벽하게 안전하고 또 권장할 만한 '궁극의 연애'란 극히 드물기 때문이다. 저마다의 착각, 자부심, 오해, 선입견 등을 걸어 내고 진심으로 원하던 누군가를 정답처럼 만나기란 힘들다. 카페에서 유별나게 구는 나처럼 이렇게 빤히 아르바이트생의 손만 쳐다보며 '공정 과정'을 주의 깊게 체크한들 뭐 더 나아질 확률도 없다.

평소 그렇게도 프로페셔널하던 사람이 누가 봐도 어처구니 없는 상대에게 홀딱 빠져 고생하는 것도 바로 그런 이유에서다. 저마다 말도 안 되는 '콩깍지'에 휘둘려 연애하는 게 사랑에 빠진 사람들만의 고유한 특권일 수도 있겠다는 생각이 든다. 오류라곤 발 디딜 틈 없는 참으로 체계적이며 과학적인 데이터 운운하는 데이트 전문 업체들도 많은데 난 거기엔 별로 신뢰감이 가지 않는다.

그렇다면 바람직한 다음 액션은? 시시하지만 이렇다. 성공 확률을 높이기 위해 실패에도 그만큼 너그러워질 것, 낭패 봐도 좋으니 흠뻑 빠질 것, 까탈스럽게 자신을 방어만 하는 기묘한 프로 의식은 내다 버릴 것, 건강하고 성공적인 연애를 위해 감각 세포는 되도록 자주 환기해 둘 것, 그렇다. '궁극의 맛'을 보려면 일단 수억 개의 실패를 기꺼이 감당해 주는 수밖엔 없지 않을까. 너무 일찍 낙담하지도 또 시니컬해지지도 말기를!

　자신의 다양한 캐릭터들을 당당히 즐기면서 사랑도 쟁취할 수 있다. 아니, 스스로를 자랑스럽게 여기면 여길수록 더 많은 사람들이 당신에게 매료된다. 특히 남자 친구의 눈으로 자신을 객관적으로 평가하거나 불안해하지 말 것. 결코 그에게 미안해하거나 죄책감 느끼는 일도 없을 것. 그럴수록 그는 더욱 당신을 만만하게 보고 지루해할 것이다. 그리고 이건 그의 잘못이 아니다. 다름 아닌 당신이 그렇게 만든 것이다!

　누가 뭐라고 하든 있는 그대로의 자기 모습에 떳떳해라. 말처럼 쉽지 않다는 거, 물론 안다. 영화화되기도 했던 소설 『브리짓존스의 일기』에 나오는 이상적인 애인을 떠올려 보자. 그가 그녀에게 말한 대사를 기억하는가?

"있는 그대로의 당신을 사랑해요."

이 대사가 전세계 여자들에게 왜 그리 폭발적인 인기를 끌었는지는 당신도 알 것이다. 그런 일이 현실에서 벌어지기 얼마나 힘들면 다들 대리 만족으로라도 열광하며 흥분하겠는가. 결국 남자의 저 황홀한 대사는 여자들의 판타지에 불과한지 모른다.

그래도 건질 만한 건 하나 있다. 즉 스스로 떳떳하지 않으면 타인들도 결코 당신을 그렇게 봐 주지 않을 거라는 점! 브리짓처럼 자신이 원하는 것, 잘 하는 것, 좋아하는 것을 요령껏 잘 표현하는 일도 중요하다. 물론 이건 누구나 저절로 쉽게 할 수 있는 게 아니다. 그녀처럼 타고난 위트, 솔직함, 용기, 사랑스러움, 임기응변 능력 등이 있어야 한다. 그렇지 않다면 지속적으로 스스로 훈련시켜서 그것을 얻어야 한다.

아쉽게도 99%의 여자들이 후자에 속할 것이다. 근육을 단련하듯 쉼없이 노력해야만 그나마 자신을 제대로 누군가에게 표현할 수 있다. 무난하게만 보이던 브리짓 캐릭터도 결국 소설이나 영화 속의 또다른 판타지였던 셈이다. 미모 대신 저렇게나 많은 매력들이 선물로 주어졌다니 말이다.

아무튼 괜히 죄 없는 그녀를 질투하기 전에 정신부터 차리고 흡! 당신도 지금부터 그것들을 얻으려면 열심히 노력하면 된다. 자신을 사랑하는 것도 알고 보면 전혀 만만한 일이 아니다. 오, 날로 먹는 거 어디 없나?

이쯤에서 유명한 유혹자들의 면면을 떠올려 보자. 마돈나 Madonna Louise Veronica Ciccone 역시 부단히 자신만의 다양한 캐릭터들을 발굴해 인기를 얻었다. 그녀는 결코 누군가에게 "내 매력 좀 이해해 달라"고 구걸하거나 "미안하다"고 말하지 않았다. 대신 자신 안에 숨어 있는 다양한 끼를 창조적인 아이디어로 끄집어 내고 대담하게 소화해서 '먼저' 보여주었다! 자신의 매력을 디자인해 달라고 청하지 않고 자신이 직접 그려서 보여준 것이다. 사람들은 그제야 "아항, 멋져!" 라며 열심히 꼬리를 흔든다. 마치 기다리고 있었다는 듯.

아무도 당신을 위해 인생의 그림을 그려주지 않는다. 바꿔 말하면 당신이 먼저 나서기 전에는 아무도 당신에게 기대하지 않는다는 뜻이다. 자신이 갖고 있는 모든 것들을 스스럼 없이 활용하라. 마돈나가 빵빵한 가슴과 잘록한 허리만으로 어필한 건 아니지 않는가? 남자 못잖은 성적인 에너지, 열정, 추진력, 대담함, 솔직함, 치밀함, 완벽주의 근성, 자부심, 성취욕, 브랜드 연출력 등 다양한 재능을 활용해 자신을 관리하고 있다. 그녀는 초일류 기업에 가까운 스케일로 그 모든 것들을 갈고 닦으며 오랜 세월 변치 않는

EAT AWAY!

신선함을 유지하고 있다.

오랫동안 사랑받는 경영인, 학자, 작가 등을 보면 자신의 숨은 가능성들을 매우 용감하고 대담무쌍하게 현실화시킨다. 그들은 한두 가지 메뉴만으로는 결코 오래 버티지 못한다는 사실을 잘 알고 있다. 변화무쌍한 캐릭터 발굴은 헐리우드 전용 아이템이 아닌 것이다. 일상적인 사랑을 나누고 일상적인 기쁨을 누리는 우리도 꺼지지 않을 로맨스를 위한다면 오직 변화만이 살 길! 영원히 안정적인 것, 유리한 것은 세상에 없다. 지속적으로 새로움을 추구하되 자신이 진정 원하는 것에 귀 기울이는 일은 잊지 말기 바란다. 그럼 최소한 길을 잃을 염려는 없을 것이다. 어쩌면 계속 조금씩 변신해 나가는 것이야말로 오히려 길을 잃지 않고 나아가기 위한 최선의 방법인지도 모른다. 또한 이런 방식은 당신의 사랑스런 여우 남자를 자극하기에 더할 나위 없이 훌륭한 길잡이가 되어 줄 것이다.

다음은 내 안의 '멀티 캐릭터'를 발굴하는 몇 가지 아이디어들이다. 자신을 조금씩 자극하면 생각보다 다양한 캐릭터를 끄집어 낼 수 있다.

제대로 뻔뻔해져라 부드러움, 섹시함, 섬세함, 순수함, 카리스마, 강렬함, 용기 등 다양한 요소들을 거리낌 없이 즐겨 본다.

남들이야 뭐라건, 남자 친구가 뭐라 쫑알대건 해 보고 싶은 건 다 시도해 본다. 옷차림에서부터 말투까지. 다만 '흉내 내고' 싶은 게 아니라 '내 안에 있던 것들을 끄집어 내는' 노력들이어야 한다. 지나친 겸손함으로 이 모든 가능성들을 축소할 필요는 없다. 스스로에 대해 모르는 게 아직 너무 많다는 점을 인정하라!

권력에 눈을 떠라 연애를 할 때 당신의 '권력'을 적재적소에 잘 활용해야 한다. 과용하면 볼썽사납지만 적절한 카리스마로 그를 사로잡기 위한 이른바 '연애 경영 마인드'에도 눈을 뜨라는 것이다. 때론 섬세하게, 때론 거칠게, 때론 대담하게, 때론 부드럽게. 이 모든 것을 다양하게 구사하며 그를 매혹시켜라.

상상력의 힘을 빌어라 매력적인 내 모습을 끄집어 내려면 대체 어떻게 해야 할까? 현실에서 다양하고 구체적인 모델을 찾는 동시에 좀더 상상력을 가미해 풍부한 상황을 연출해 보라. 감상적이고 일상적인 아이템을 시시하게 생각하지 말고 적극 활용해 보면 또 다른 아이디어가 떠오른다.

상대방에게도 요구하라 박수는 두 손으로 쳐야 한다. 당연하지 않나? 혼자 힘쓰지 말고 상대와 함께 노력하길. 남자 친구 역시 자신 안에 숨은 얼굴들을 탐색하고 이를 부지런히 가꿀 수 있도록 자극하라. 이성적이고 과묵한 그의 평소 모습뿐 아니라 유머

러스하고 섬세한 다른 면도 아낌 없이 발굴하고 사랑해 줄 것! 속으로는 좋으면서 괜히 "남자가 그게 뭐니?" 하는 식으로 구박하는 일은 참아 주길 바란다. 서로의 새로운 얼굴에 대해 부끄럼이나 편견이 없어야 한다.

거울에게 물어라 연인의 관점도 참고하는 게 좋다. 그를 깨끗한 거울로 삼고 틈틈이 묻는다. "거울아, 거울아, 이런 내 모습 어떻니?" 물론 '거울' 의 대답에 줏대 없이 휘둘리면 곤란하다. 유용한 정보처럼 참고만 하도록.

4 : 6의 황금률 법칙 남성성, 여성성의 비율을 상황에 따라 재배합해서 활용해 보라. 여기서 남성성, 여성성이란 관습과 고정관념 등의 영향을 받아 보편적으로 통용되는 '남자다움' '여자다움' 을 말한다. 당신은 이제 더 이상 이런 도식적인 성별 메뉴에 넣놓을 필요가 없다. 원하는 대로 배합해 나만의 스타일을 만들면 된다. 추천할 만한 최적의 배합 조건은 4 : 6, 여성의 경우 남성성 : 여성성의 비율 4 : 6, 남성의 경우 그 반대. 타고난 자신의 성적 특성 위에 양성적인 매력을 슬쩍 가미해 본다. 두 가지 면을 공유하면 당신은 변화무쌍하며 신비스러운 매력을 보다 쉽게 얻을 수 있다. 부드럽고 섬세한 면으로 상대방을 사로잡는가 하면 당차고 독립적인 면모로 그를 놀래켜 보라. 생각보다 많은 가능성을 즐길 수 있다.

아무런 의욕도, 자신감도 없는 구제 불능의 '만년 싱글들' 에겐 뱀파이어의 창백한 얼굴처럼 한눈에 딱 알아볼 수 있는 특징들이 있다. 딴에는 '화려한 싱글' 이라 자처하며 건들거렸던 사람이라면 다시 한 번 제 모습을 점검해 보길 바란다.

1. 기다림에 익숙하다 (상대가 한 시간쯤 늦어도 끄덕 않는다!)

2. 자극에 둔감하다 (세월이 가든, 오든, 거의 포기 상태로 지낸다!)

3. 나에게도 언젠가 '해뜰 날' 이 올까? (생각해 본 지도 꽤 되었네, 원!)

4. 언젠가 끝내주는 운명의 상대를 만날 거라 믿는다 (안 믿는 것 보다야 백 배 희망차겠다!)

5. 러브 & 섹스 관련 모든 이론에 빠삭하다 (존경스러움. 묵념…)

6. 늘 건수는 없나 부지런히 살핀다 (실제론 별 열의도 없으면서!)

7. 매사 게으르고 굼뜬 반면 또 어떤 면은 매우 까탈스럽다(한 마디로 종잡을 수 없다!)

8. 의외로 남들 생각하듯 심각한 결핍감에 시달리지 않는다(뭐 그러려니 하며 사니깐!)

9. 감이 절로 내 입안에 떨어지길 바란다(뻔뻔스러움이 생활화됐다!)

10. 매사 귀찮다. 그러나 연애는 하고 싶다(아니, 어떻게?)

만약 이게 당신의 모습이라면? 막상 원하던 남자를 만나도 결코 효과적인 데이트를 즐길 수 없을 것이다. 왜? 너무 기다리기만 한 나머지 막상 실전에 임해도 우왕좌왕할 것이기 때문이다. 연애도 해 본 사람이 잘 한다. 자잘한 시행착오를 거쳐야 파트너와 한 뼘이라도 더 섬세한 커뮤니케이션을 펼칠 수 있다. 그러니 정말 원하는 상대를 만나고 싶다면 시시해 뵈는 '미니 게임'도 허용하며 체력을 길러 두어라.

무진장 운 좋은 사람들의 사례를 제외하면 이상적인 만남이 복권당첨처럼 단숨에 이뤄지는 일은 없다. 바람직한 연애를 위해 때론 시시한 연애도 감당해야 한다. 처음엔 미니 게임이었던 것도 어느새 짜릿한 본 게임으로 변해 있을지 모르는 법. 그걸 가늠하려면 아무튼 최선을 다해 보는 수밖엔 다른 뾰족한 수가 없다.

한눈에 그럴싸해 보이는 인연을 찾느라 정작 중요한 것들을 놓치는 실수를 저지르지 말라. 사소해 보이던 상대도 실은 매우 중요한 인연일 수 있고 처음엔 굉장해 보였는데 알고 보니 헛방일 수 있다. 그저 그런 상대가 결국 첫 예감 그대로 끝나고 말더라도 최소한 당신은 더 좋은 만남을 위해 멋진 힘을 비축하게 됐잖은가?

연애건 일이건 '시시한 거 여러 개 벌이느니 죽기 전에 한방 크게 쏠 테다!' 라며 비장한 각오를 다지는 비리비리한 사람들, 그동안 얼마나 많이 봐 왔느냐 이 말씀이다. 쓸데 없는 소모전은 가급적 피하는 게 좋지만 또 필요 이상 요모조모 따지며 인색하게 세상을 바라보는 것도 만만찮게 소모적일 수 있다는 점을 기억하라.

이쯤에서 '연애? 하고 싶어도 못하고 있는데 염장 지르고 있네' 라며 입 내미는 싱글들도 있을 법하다. 그들에게도 위의 방법 못지 않은 묘안이 물론 있다! 꼭 누군가와 팔짱 끼고 키스를 해야 연애인가? 노노노. 늘 사랑에 빠진 사람처럼 무언가에 취해서 기분 좋게 유쾌하게 지내면 된다. 좀 쑥스럽긴 해도 '언젠가 사랑에 빠졌을 때 나는 이랬었지' '사랑에 빠지면 이런 건 꼭 해 볼 거야' 하는 식의 달콤하고 따뜻한 상상을 멈추지 말라. 그의 얼굴은 늘 장밋빛으로 촉촉할 것이다.

나에겐 늘 웃는 얼굴의 남자 친구가 있다. 보기만 해도 기분 좋아지는 얼굴, 누가 봐도 편안한 표정인 그가 부럽고 궁금해서 하루는 진지하게 물었다.

"넌 좋겠다. 가만 있어도 웃고 있잖아. 난 일부러 표정을 풀지 않으면 찌뿌둥한데."

그랬더니 그는 또 한번 씨익 웃으며 비결을 공개했다.

"에? 이래 봬도 이거 매일 꾸준히 연습하는 거야. 나라고 힘든 일, 짜증나는 일이 왜 없겠니?"

그는 긴장되는 일을 앞둔 날 아침일수록 일부러 더 크게 웃는다고 했다. "괜히 찡그려 봐야 기운만 빠지잖아. 그리고 웃으면 진짜 힘이 나" 라는 게 명랑한 그의 설명이었다. 그러고 보니 외국어, 운동, 비타민만 매일 몸과 영혼에 섭취해 줘야 하는 게 아니었다.

공을 들여 미소 짓고 삶과 살뜰하게 연애하는 일을 하루도 빠짐없이 해 주고 나면 정말로 행복하고 근사한 느낌이 몸과 마음에 스며든다. 그리고 다른 사람들에게까지 그 신나는 기분을 전할 수 있게 된다. 그건 숨길 수 없는 향기 같은 거니까 말이다.

그후 나도 매일 조금씩 입꼬리와 눈꼬리를 부드럽게 올려 보는 연습을 하고 있다. 처음엔 좀 어색했지만 이젠 제법 폼이 잡혀간다. 까맣게 잊고 미간을 마구 찡그릴 때도 있지만 '앗차' 하는 생각이 들면 금세 연습에 돌입. 그리고 그렇게 10초만 웃고 있어도 정말, 누군가와 사랑에 빠진 듯 몸과 마음이 시원해진다. 그런 믿을 수 없는 순간을 경험할 때마다 난 그에게 감사한다. 삶과 연애하는 비법을 가르쳐 준 고마운 내 친구!